행복을 좇아가지 마라

김상백 엮고 씀

행복을 좇아 가지 마라

운주사

언제가 스승님께서 지나가는 혼잣말로 "누가 내 이야기를 정리해서 좀 써야 하는데……" 하셨다. 당시 나는 화두를 잡은 지 얼마 안 되는 초심자였다. 그래서 스승님의 그런 말씀을 곁에서 들었으면서도 나는 너무 부족하여 나와는 상관없는 일이라고 생각하였다. 그리고 만일 그런 작업을 한다면 유 교수님이 적격이라는 생각이 들었다.

유발상좌인 유 교수는 기골이 장대한 대장부로써 기세가 출중하면서도 청빈한 선비같이 맑고 밝은 기운이 흐른다. 하여 문무를 고루 갖춘 분의 인품이 그대로 드러나는 전형적인 학자의 모습이다. 당시 나는 내 자신이 초라하게 보여 오히려 스승께 누累가 되지나 않을까 노심초사하며, 스승께 보답하는 길은 열심히 공부하는 것밖에 없다고 생각하였다.

그러나 지금 이렇게 감히 용기를 내어 스승님의 글을 쓰는 이유는, 어느 날 문득 그 귀한 말씀을 혼자서만 가슴에 담아서는 안 되겠다는 생각이 들어서이다. 덤으로 스승님의 어록을

꾸미는 것은 나의 신행생활을 정리하는 한 방편이 되기도 했다. 지난날을 돌이켜 보고 스승님의 가르침을 되새겨 보는 일은 내 자신을 돌아보는 좋은 계기가 되었고, 막혀 있던 부분들이 명징해짐을 느낀다. 처음부터 스승께선 이렇게 되리라는 것을 알고 계셨을 거다. 이 책을 엮고 쓰는 동안 나의 유일하고 진정한 바람은 이 책이 독자에게 어느 구절 어느 대목에서든지 순간 깨달음의 계기가 되어주는 것이다.

책을 낼 수 있게 도와준 나의 벗 박영민, 도서출판 운주사 식구들, 그리고 송정암의 혜범스님께도 감사드린다.

스승은 없었고 방황은 길었다.
생사의 문제가 제일 중요하고 궁금했지만
아무도 길을 보여주지 않았다.

일체 인연이 끊어진 자리
실타래 더욱 선명하게 비단 옷을 짓는구나!

은사이신 봉철선사
스승님께 이 옷 한 벌을 올립니다.

시창 합장

제1부 사무치는 모순

제2부 독로獨露

제1부

사무치는 모순

견성대목

거북이 한 마리가 물속에서 얼굴을 빼꼼이 내밀었다. 신기한 듯 세상을 바라보다가 용기를 내서 뭍으로 올라왔다. 숲속 세상을 여기저기 돌아보던 거북이는 다른 동물들에게 들킬까봐 슬며시 겁이 났다. 그래서 거북이는 길을 걸을 때마다 살래살래 꼬리를 치며 지나온 흔적을 지우면서 숲 속을 돌아보았다. 구경을 다 마친 거북이가 마침내 물속으로 '풍당' 하고 다시 들어갔다.

"시창아, 어느 대목이 견성대목이냐?" 하고 스승께서 묻는다.

견성見性이란 '자신의 성품을 본다'라고 풀이할 수 있다. 더 쉽게 말하자면 철학적으로 '나는 누구인가?'라고 자신에게

묻고 답하는 것이다. 여기서 '나는 누구인가'라는 물음을 화두
話頭라고 한다.

　　소크라테스가 "나는 나를 모른다. 다만 나를 모른다는 것을
알 뿐이다."라고 말했다고 스승께서 말씀하신 적이 있다. 아울
러 어느 외국스님은 자동차 번호판에 다음과 같이 글씨를
붙이고 다닌다고 하셨다. "WHAT AM I!"

맛있는 질문

비가 갠 화창한 여름날 오후 나이가 제법 드신 보살님께서 산 중턱에 걸친 성혈사까지 땀을 뻘뻘 흘리면서 수박 한 통을 들고 오셨다. 삼삼오오 마루에 모여 앉아 벌겋게 잘 익은 수박을 쪼개 맛있게 먹고 있었는데 스님께서 물으셨다. "수박이 참 맛이 있지. 그럼 내가 문제 하나 내마. 그 맛이란 게 말이다. 수박 맛에 있냐, 아니면 입맛에 있냐?" 머릿속에서 대답은 이건가 저건가 맴맴거리며 혼란스러웠고 그날 우린 모두 꿀 먹은 벙어리처럼 수박만 열심히 먹어댔다. 이후 가끔 스승께서는 저잣거리에서 국밥이나 국수를 드실 때면 상대에게 뜬금없이 질문하곤 하신다. "맛이 어디에 있나?"

재미난 수수께끼

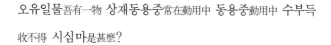

오유일물吾有一物 상재동용중常在動用中 동용중動用中 수부득
收不得 시심마是甚麽?

이 세상에 한 물건이 있는데 항상 움직이면서 쓰이고 있다.
움직이면서 쓰긴 쓰는데 잡을래야 잡을 수가 없으니 이 물건은
무엇인고?

대학교 1학년 여름방학 때 봉철스님과 처음으로 만났다.
이때 주신 화두가 위 '오유일물 상재동용중……'이다. 화두가
뭔지도 몰랐던 시절 스님께서 구산선사의 『석사자』라는 책의
뒷면에 써 주시면서 묻던 질문이었다. 나는 대번에 짐작으로

'마음이요'라고 대답했다가 혼구멍이 났었다. 스님은 "세상에서 가르치는 공부는 유위법이고, 이 질문은 유위법으로는 대답할 수가 없다."고 하시며 불교공부는 무위법이라고 말씀하셨다. 그 설명조차 무슨 소리인지도 모르고 나는 이 질문을 그저 재미난 수수께끼같이 여기며 20여 년 동안 자연스럽게 마음에 품고 살았다. 가끔 아무도 없는 칠판에서나 한가한 시간이 나면 노트에 끼적거리며 빈 칸에 동양난도 치면서 되새기곤 하였다.

똑바로 보는 법

신입사원을 뽑으려고 면접을 보았다. 이 친구 지혜가 얼마나 있을까를 테스트하려는데 마땅한 질문이 생각나지 않았다. 그런데 마침 전에 스승님께서 묻던 질문이 생각났다. "시창아, 시도란 놈이 말이다, 장가를 가려고 하는데 그 집 장모될 여자가 보통 기가 센 게 아녀. 그 여자가 자기 딸을 안 주려고 버둥대는데, 결국 절 아래 큰 나무 밑에서 둘이 만났단다. 그리고 만나기 전에 내가 시도에게 말하길, '이 질문을 해서 그녀가 답을 맞힌다면 시도 네가 딸을 포기한다고 해라'라고 하였지. 시도는 그 여인에게 문제에 답한다면 딸을 포기하겠다는 조건을 달고 이렇게 물었지. '이 늙고 오래된 큰 나무에 굽은 가지가 무성한데 이 꾸불꾸불하게 굽은 나뭇가지를 어떻게 하면 똑바로 볼 수 있겠소?'"

그런데 그날 그 여인은 놀랍게도 자기 딸을 지켜냈다고 한다. 그때 시도 사형은 어떻게 그 늙은 여인이 답을 맞힐 수가 있느냐며 미친 듯이 그 자리에서 펄쩍펄쩍 뛰었다.

무조건 맞아야 한다

경북 풍기에 소재한 성혈사는 법당을 중심으로 오른쪽과 왼쪽에 방이 한 채씩 있었는데 동당과 서당이라고 했다. 이곳에는 항상 고시공부를 하던 학생들이 머물렀는데 어느 날 날궂이를 한다고 함께 모였다. 우왕좌왕 하던 차에 스승님께서 마당으로 내려가시더니 나뭇가지 하나를 집어 들고 땅에 큰 동그라미 원을 그리셨다. "자, 이 원 안에 들어가도 30대를 맞아야 하고 원 밖에 있어도 30대를 맞아야 한다. 어떻게 하면 30대를 안 맞을 수 있겠는가?" 마침 마을에서 올라온 어린 중학생이 있었는데, 장난기 어린 이 아이가 선을 냉큼 밟으며 웃었다가 꿀밤만 맞았다. 어떻게 하면 꿀밤을 안 맞을 수 있을까?

하인, 중인, 상인

　　　　　　　　　　　하루는 아침 공양을 하고 밥상을 물린
다음 거사 한 분과 같이 앉아서 스승께서 법담을 하셨는데
"시창아, 사람은 세 분류로 나눌 수가 있다. 첫 번째, 정情으로
사는 사람이다. 이 정이란 놈은 끈적거리고 질척거리기가
말할 수 없다. 이렇게 정으로 사는 사람은 하인下人이다. 둘째
는 이성理性으로 사는 사람이다. 이런 사람은 대개 피도 눈물도
없다. 이렇게 사는 사람을 중인中人이라 한다." 이렇게 설명하
시다가 대뜸 질문하셨다. "시창아, 셋째 사람은 상인上人이라
하는데, 이 상인은 무엇으로 사느냐?" 하시는데 순간 나는
이렇게 답했다. "무정無情에 무심無心입니다." 스승께선 "옳지,
옳다." 하시며 무심도인으로 살아가라고 하셨다. 나는 몇 번째
사람일까?

돈 버는 법

　　　　　　　　　　　　인천에 사는 젊은 사내가 사업이 망하여
풍기에 내려와 살게 되었다. 어린 아들 둘에 아내를 거느리고
온 사내는 스님께 먹고 살 방도를 찾아 달라고 하여 오가피
차를 만들게 되었다. 그러던 어느 날 나는 사내가 사는 집에서
향과 맛이 좋은 오가피 차를 마시며 돈 버는 법에 대해 스님께
말씀을 들었다. "돈을 벌 때가 되면 신호가 온다. 이 신호를
잘 알아차려야 하는데, 이때가 되면 여자가 꼬인다. 즉, 색色이
꼬이는데 색은 돈 다 벌고 나중에 밝혀도 된다. 돈을 벌려면
간절해야 한다. 간절한 마음이 있어야 한다. 언제 한번 간절해
본 적이 있느냐!" 오늘도 간절 절切자 하나가 낙숫물처럼
바위를 뚫는다. 똑, 똑, 똑!

삼배

예절과 법도에 따라 법당에 들어서면 부처님께 세 번 절을 하여 예를 표하고 그 다음 큰스님 방으로 들어선다. 그리고 스승께 삼배를 올려 예를 표한다. 그런데 절을 할 때마다 절하는 동안 스승께서 말씀하신다. "절은 바로 자기 자신에게 하는 것이다."

마셔도 마심이 없이,
먹어도 먹음이 없이

성혈사의 고시준비생들은 비가 오거나 궂은 날이면 머리도 쉴 겸 모여서 윷놀이를 하여 진 팀은 돈을 내고, 이긴 팀은 마을로 내려가 지게에 고기와 술을 받아와서 무더운 여름 한 날 심신을 달래기도 했다. 당시 독실한 기독교인 부모님 아래서 자란 나에게 이런 광경은 충격에 가까웠다.

시원한 물줄기가 흐르는 소백산 계곡에 모여앉아 술과 고기로 파티를 하던 중 궁금증을 참지 못하고 스님께 물었다. "아니, 스님께선 머릴 깎으셨는데 어찌 술도 마시고 고기도 먹습니까?" 스님께서 답하시길 "마셔도 마심이 없고, 먹어도 먹음이 없이 한다."고 했다. 도대체 무슨 말씀을 하시는지 몰랐는데, 나중에 이 말씀이 육조 혜능선사께서 깨달으신

'응무소주 이생기심應無所住 而生其心' 경구와 맞아 떨어진다는 것을 깨닫게 되었다. 반야심경에 있는 '무가애無罣碍'처럼 아무런 장애가 없는, 바람처럼 자유롭게 걸림이 없는, 그 마음! 당시 개차법을 쓰신 스승님께 존경과 감사를 드린다. 계는 지킴으로써 지키며, 파함으로써 지킨다. 또한 계는 파함으로써 파하며, 지킴으로써 파한다.

있다, 없다

불교와 오래 접했던 친구로부터 전화가 왔다. 자신은 이제 신을 안 믿으며 신은 없다라고 결정 내렸다며 자기는 이제 무신론자라고 하였다. 나는 아무런 반론 없이 그러냐며 그냥 전화를 끊었다. 속으론 '왜 아직도 유무에서 헐떡이고 있니' 하면서 혀를 찼다. 부처님 말씀처럼 '화살을 맞아 상처가 썩어가고 곪아 터지는데 너는 어째서 화살이 날아온 방향이나 화살이 무슨 재질로 만들어 졌느냐'에만 관심을 갖느냐고 그 친구에게 묻고 싶다. 설전에 강하고 다독 多讀하는 박학다식한 친구는 관념의 늪에서 나오질 못하고 있다. 하긴 이 친구는 그렇게 오래 불교를 접했으면서도 아무런 수행을 하지 않는다. 아, 스승을 만난다는 것이 백천만겁이 되어도 만나기 힘든 인연인 것을 이제야 알았다. 스승도 없이 무슨 공부를 하겠다는 것인지!

　봄이 완연하고 양백정사 법당 마루 앞에 우뚝 선 소백의 산줄기는 마치 높은 도의 경지에 우뚝 선 듯 반듯하다. 저녁공양을 마치고 슬금슬금 다가오는 저녁노을 속 한 마리 수컷 뜸부기가 암컷을 찾으려고 목놓아 운다. 참선이 시작되기 전 잠시 짧은 법문을 선사께서 하신다. "세상은 음양으로 구성되어 있다. 수놈이 암놈을 찾아 울어댄다. 울기 전 그놈은 어디 있었던고? 울음소리 듣는 내가 그 소릴 듣고 저쪽에 한 마리 새가 '있다'라고 생각을 낸다. 그 소리가 있기 전에 새는 '없다'라고 생각을 일으킨다." 죽비소리 세 번 쩌렁쩌렁하게 노을 속으로 사라진다. 그리고 참선. 고요한 침묵 속에서 화두인 양 수컷의 울음소리가 적정함을 바탕으로 소백산 골짜기에 울려 퍼진다.

유행가 가사

'인생은 나그네 길 어디서 왔다가 어디로 가는가'라는 노랫말이 있다. 60~70년대 유명가수 최희준의 〈하숙생〉이란 유행가 첫 대목에 나오는 가사다. 큰스님께서 굽은 산길을 씽씽 차를 몰면서 옆자리에 앉아 있는 나에게 이 노래를 불러주신다. 이후 나는 노래방에 가면 이 노래를 18번으로 불렀다. 가사를 음미하면서 말이다. 우리는 어디서 와서 어디로 가는가?

집에 들어서면 거실 한 벽면에 큰스님께서 써주신 글이 있다. 『금강경』 사구게 중의 하나로 내용은 이렇다. '약이색견아若以色見我 이음성구아以音聲求我 시인행사도是人行邪道 불능견여래不能見如來'인데, 풀이하면 '만일 어떤 이가 부처를 보고자 할진대 형상으로써 나를 보려고 하거나 또는 소리로써 나를 구하려고 한다면 이런 사람은 삿된 사람이다. 따라서 이런 이는 결코 여래를 볼 수가 없느니라'이다. 여기서 '이와 같이 왔다'라는 여래如來란 말이 참 의미심장하다. '이와 같이 왔다'고 하는데, 어디서 왔다가 어디로 가는가? 선사禪師의 입을 거치면 유행가 가사도 이 처럼 멋진 화두가 된다.

불교는 종교가 아니다

고등학교 동창 중에 불교용품점을 크게 하는 친구로부터 백팔염주 하나를 선물 받았다. 염주가 없던 차에 참으로 고맙기 그지없었다. 그 염주를 목에 걸고 양백정사에 들어서니 스승님께서 염주는 액세서리가 아니라고 지적하시며 젊은 시절 일화를 들려주셨다. 필리핀 어느 섬에 가셨는데 큰 나무에 염주를 만드는 열매가 달려 있었지만 그 열매 주위에 새까맣게 벌들이 떼 지어 있어서 쉽게 그 열매를 채취할 수 없었다고 하셨다. 그러시면서 이런저런 말씀 끝에 "불교는 종교가 아니고 생활이다."라고 설파하셨다. 이 말씀은 내 마음속에 비수처럼 꽂혀서 좀처럼 빠지지 않았다. 체험은 모든 종교의 필수요, 실천은 종교의 덕목이다.

또 스승께선 살불살조殺佛殺祖의 정신으로 살아가라고 하셨

다. 명쾌하신 말씀이다. 기꺼이 자신의 자리를 내주신 부처님
과 가섭의 자리가 돋보이는 대목이다. 내 생활에 활발한 부처
를 보라. 지금 이 책을 읽고 있는 그 자리에 바로 당신이
앉아 있다. 부처와 한 치도 다름없이 말이다.

시와 도인

南으로 窓을 내겠소

김상용

남으로 창을 내겠소.
밭이 한참갈이

괭이로 파고
호미론 풀을 매지요.

구름이 꼬인다 갈 리 있소
새 노래는 공으로 들으랴오.

강냉이가 익걸랑
함께 와 자셔도 좋소.

왜 사냐건
웃지요.

스승께서 나무 정자에 앉아 맑은 연못을 바라보며 이 시를
외우신다. 다 읊조리시곤 이 시를 쓴 사람을 한 번 만나고
싶다고 하신다. 내가 왜 그러시냐고 물으니, 이 시의 작자는
틀림없이 도인일 것이라고 말씀하신다. 이 사람은 밭을 다
갈고 할 일을 마친 사람이기 때문이라고 덧붙여 주셨다.

영가 현각스님의 「증도가」 첫 구절이 생각난다. 군불견君不
見, 절학무위한도인絶學無爲閑道人 부제망상불구진不除妄想不
求眞이라. "여보게, 보지 못했는가! 마음공부 다해 마친 한가한
도인은 굳이 망상을 떨쳐버리려고 하지 않고 따로 진리를
찾아 구하지도 않는다네."

밑이 빠진 배를 타라고?

양산 통도사 극락보전 벽에 그려진 벽화가 빛바랜 채로 있다. 용의 머리가 앞쪽에 달려 있고 뒤에 꼬리가 있는 일명 반야용선이다. 배 안에는 어린 아이부터 노인까지, 또 스님과 갓을 쓴 선비 등 많은 사람들이 타고 있다. 용선龍船의 선두에는 인로왕보살이 합장을 하고 서 계시고 용선 맨 뒤쪽에는 지장보살이 육환장을 들고 서 극락세계로 인도하는 모습을 그리고 있다.

선사께서는 많은 거사들이 본래면목을 밝히고자 선정에 들고 있다며 공부에 더욱 분발하라고 격려하셨다. 마음공부는 자고로 일상생활의 습관이 되어 공을 들이고 또 들여야 한다고 하시면서 이렇게 말씀하셨다. "우리가 죽으면 영가를 맞으러 인로왕보살께서 나오시는데, 이때 큰 배 한 척을 몰고 온다. 이 배가 바로 반야용선인데, 이 배에는 배의 밑창이 없다. 열심히 공부해서 이처럼 시원하게 밑동이 빠져야 한다."

"자, 여러분, 극락에 가려면 이 배를 타야 하는데 밑창 없는 이 배를 어떻게 하면 탈 수 있을까요?"

뿌리 없는 나무에서 열린 탐스러운 열매를 밑이 빠진 발우에 담아 존경하는 스승님께 바칩니다.

되어지는 것이다

　　　어느 일요일, 동생과 같이 스승님을 찾아뵈었다. 때마침 점심공양을 하고 계셨다. 우리도 더불어 공양을 했는데 반찬 중에 간장에 절인 열매가 있었다. 한 알 집어 먹으니 참으로 맛이 예술이다. 산초절임이었다. 절에 귀한 손님을 모실 때 이 반찬을 낸다고 어디서 들은 적이 있다. 하긴 절에 오신 모든 분들은 부처님 되실 분들인데다 귀하고 귀한 손님이 아닌가!

　　공양을 마치고 큰스님께서는 동안거 해제 후 남쪽으로 봄나들이 가신다고 어린아이처럼 '좋아라' 하셨다. 가시는 곳은 여수 돌산 향일암인데, 스승께서 젊은 시절 공부하신 인연이 있는 곳으로 원효대사께서 수도하셨던 토굴이 있는 암자다.

　　스승께서 다시 차 한 잔을 하시면서 말씀하셨다. "성불은 기다리는 것이 아니다. 이는 외도다. 성불은 되어지는 것이다. 내가 그간 불자들에게 써 준 상락아정, 도정방, 정법계 등에 들어간 '淨'자는 깨끗할 정, 청정함을 의미한다. 그것을 오랜 세월에 걸쳐 써 주면서 나 스스로가 '정'이 되어졌다."고 하셨다.

그러시면서 재미난 이야기를 들려주셨는데, 어느 날 세 명의 보살이 찾아와서 예를 올리기에 정淨자가 들어간 글귀를 써서 주었더니 며칠 있다가 모두 그 글씨를 도로 가지고 왔더라는 것이다. 이 글을 왜 다시 가지고 왔느냐고 스님께서 보살들에게 물었더니, 사실 자기들은 무당인데 이 글씨를 붙이고 나니 자신들이 모시는 신들이 이 '淨'자를 보고 무서워서 신당에 들어오지 못한다는 거였다. 하긴 깨끗할 정淨자에 무엇 하나 붙을 자리가 어디 있겠는가!

그런 놈은 죽여도
죄가 안 된다

소백산 양백정사

그런 놈은 죽여도 죄가 안 된다는 선사의 말씀

두 번 바뀐 강산

산 아래 마을까지 배웅 오셔서

몇 차례 헛발질로 장딴지 걷어차시곤

유모차 탄 아기보곤 귀엽다 하고

사진 찍는 신랑신부 아름답다 하시네.

군수가 찾아와 만나 달라 하니

사는 것은 다 쇼다.

연극하러 가신다며

지프 차 시동 걸고 휙 하니 가버리셨네.

얼떨결에 합장하고 뒤돌아서니

어라?

법문 다 마치셨네!

---

† 여기서 '그런 놈'이란 무명 속 오욕에 쌓인 '거짓 나'를 의미함.

꿈꾸는 사람

　　　　　　야유몽자夜有夢者는 불입不入이요, 구
무설자口無舌者는 당주當住라.

스승께 "저도 그 글씨를 써 주십시오." 하고 청을 올리니
"그래, 마음공부를 하니 공부하는 사람에게는 이 말이 필요하
겠다." 하시며 주신 글귀다. 글 뜻은 밤에 꿈꾸는 자는 들어오지
말고 입에 혀 없는 자는 당연히 머무르라는 것인데, 눈 푸른
외국인 현각스님이 공부하던 양백정사 토굴 앞 정자에 걸린
선어禪語다.

말과 생각이 끊어진 자리, 사실 그 자리는 혀조차 댈 수가
없다. 혀를 내밀었다간 당장에 붉은 혀를 댕강 잘라버린다.
또 말을 꺼내기도 전에 머뭇거리다간 임제스님의 할(喝; 고함

소리)에 고막이 터지고, 덕산스님의 방망이에 얻어터져 피투성이가 된다.

스승께서 말씀하신다. "이 몸뚱이는 업 덩어리고 꼭두각시에 불과해. 사는 게 다 허깨비 놀음이야."

부처님 오신날

부처님 오신날 하루 전 법당 마루 의자에 걸터앉아 선사께서 연등을 보며 말씀하신다. "옛날엔 이 연등을 일일이 다 풀로 붙이고 했는데 이젠 이렇게 인쇄가 잘 돼서 나온다. 여기 석가모니 아기 부처님 그림이 있는데 부처님께서 탄생하신 후 일곱 걸음을 걸으신 뒤 사방을 돌아보시고 한 손으로 하늘을 가리키고 또 한 손으로는 땅을 가리키시면서 '천상천하 유아독존天上天下唯我獨尊이라' 하셨는데, 그 후 운문선사雲門禪師가 나와서 말하기를 '내가 당시에 만약 보았더라면 한 방망이로 타살하여 개에게 주어 씹혀서 천하를 태평케 했으리라.'고 말씀하셨다."

스승께서 이렇게 법문하시며 마지막에 말씀하셨다. "본래 부처가 어디 오고 가는 것이냐? 오긴 뭘 오냐!"

그날 부처는 오지 않았다. 다만 바로 이 자리에 여여如如할 뿐이다!

한 권의 책

아유일권경(我有一券經 나에게 한 권의 경이 있으나)

불인지묵성(不因紙墨成 종이와 먹으로 이루어지지 않았네.)

전개무일자(展開無一字 펼치면 한 글자도 없으나)

상방대광명(常放大光明 항상 큰 광명을 발하네.)

젊은 시절 스승께서 해인사로 공부하러 가시던 중 어느 노승에
게 들으신 구절이다. 옛 조사 스님께서 남기신 이 소식을 듣고서
스승께서는 팔만대장경 보려던 계획을 접고, 그 자리에서 바로
발걸음을 돌리셨다고 한다. 본래 이 책은 불교도든 기독교도든
무신론자든 범부든 성자든 다 한 권씩 가지고 있다. 그러나
밖으로만 구하는 이들은 성자의 말씀을 찾아 헤매고 다닌다.

욕쟁이 스님

"시창아!"

"네."

"저 아래 마을에서는 나를 욕쟁이 스님이라고 부른다."

"왜요?"

"절에는 문이 없다. 그러니 빗장 하나는 쳐야 하지 않겠니?"

사무치는 모순

까뮈의 작품 『이방인』은 부조리로 가득 찬 세상에 대한 소설이라고 언젠가 말씀해 주신 기억이 있다. 법당 마루에 앉아 스승께서 나와 동생에게 법담을 해 주셨는데 그날 "이 인생이란 말이다, 사무치는 모순이다."하고 말씀하셨다. 그러자 "그냥 모순이 아니라 사무치는 모순이라니 스님께선 꼭 시인 같습니다."라며 자칭 크리스천인 동생이 거들었다.

공하고도 공한 것

스승님 방 입구에 걸려 있는 서각書刻한 현판에는 진공묘유眞空妙有라고 쓰여 있다. 이를 보시며 스승께서 말씀하셨다. "참으로 공한 것에 묘함이 있다."

한번은 또 이렇게 말씀하셨다.

"공空에 빠지지 마라. 공空에서 빠져나와야 한다. 말에 속으면 안 된다."

둥근 것은
둥근 것을 알지 못해

 동안거 중에 써 주신 글귀다.

심심난가심심心心難可尋心

마음 마음 하지만 참으로 마음 찾기란 쉽지가 않구나!

○○不知○

둥글고 둥근 것은 둥근 것을 알지 못하니 참으로 찾기 어렵구
나!

이미 다 갖추어 있기에

큰스님께서 글을 쓰시면 언제나 낙인을 하신다. 낙인을 자세히 보면 붉은색 인주가 묻어난 사이로 반야심경에 나오는 경귀가 있다. 이무소득고而無所得故, 즉 '그러므로 아무것도 얻을 것이 없는 까닭에'라는 뜻인데, 이 글귀가 반야심경의 핵核이요, 전환점이라고 하셨다.

'이무소득고'를 기준하여 앞 소절은 공도리空道理를 설명하였고, 뒷 소절은 이를 깨친 후로 얻은 대자유大自由에 대한 설명이다. 본자구족本自具足한 이 자리에서 무엇을 더 얻을고? 오유지족吾唯知足이라고 써 주신 글씨가 금빛으로 빛난다.

부처님 이름(佛名) 시창是窓

대학교 1학년 때 우연히 선배를 따라 성철사에 처음 갔을 적에 봉철선사께서 지어주신 법명이다. 기독교 집안에서 자란 내게 무슨 생각이셨는지 처음부터 턱 하니 법명을 주셨다. 지금 생각하면 참으로 감사하고 또 감사할 따름이다.

이름을 지어주시면서 돌림자는 '시是'자라고 하시면서 이 '시'자는 여시아문如是我聞에 나오는 '是'자와 같다고 하셨다. 또 '시야是也, 시야是也', 즉 '맞다, 맞다' '옳다, 옳다'라는 뜻도 있다고 하셨다. 그래서 '시창'이란 마음을 창과 같이 턱 하니 비우면 곧 도에 든다는 뜻이라고 하셨다. 마음 심心자 위에 그래서 '窓'자를 넣어 주셨다. 열린 창문으로 뚜렷하게 사계절이 바뀐다.

살아 있는 마음

응무소주 이생기심應無所住 而生其心이
란 "응당 머문 바 없이 걸림이 없이 마음을 쓰며, 바로 그
마음은 살아 있다."라고 풀이해 주셨다.

『금강경』 사구게 중 하나인데, 스승께서는 일반적인 번역과
는 다르게 말씀하셨다.

당당해라

한동안 산행을 같이 하던 후배가 있었는데, 이 후배는 산 정상에 오르면 1분도 채 안 되어 산을 다시 내려간다. 이 봉우리 저 봉우리 경치도 보고 땀도 식히면서 정상에 선 기쁨을 맛볼 틈도 없이 줄행랑치듯이 내려간다. 산에 오를 때마다 그러하기에 그 이유를 물어보았다. 자기는 정상에 서 있으면 불안해서 그 불안감을 씻으려고 급하게 내려간다는 것이었다.

선사께 이런 이야기를 해드리니 말씀하셨다. "사람이든 동물이든 모두가 불안감을 안고 산다. 산 속의 여린 작은 새는 불안하여 쉼 없이 이 가지 저 가지로 날아든다. 본능이다. 끝없이 경계할 수밖에 없는 불안감이다. 당당해라! 이것이 불안감을 불식시키는 해결책이다."

그림자가 없다

초발심시 변정각初發心時 便正覺이라.
처음 깨닫고자 한 마음이 곧 바른 깨달음인 것이다.

가을 햇살이 눈부시다. 스승님의 군더더기 없는 법문이
법당 마루 끝에 걸터앉은 시하거사와 나의 머리 위로 가을햇살
과 함께 쉼 없이 쏟아진다. '정각'을 이룬다는 것에 대해 설명하
셨다.

"시간이 12시 정각이 되면 시침과 분침 둘이 하나로 합쳐지
듯이, 또한 그 시간은 태양이 중천에 떠 있어 모든 그림자를
자연스레 지우게 된다. 정각이란 바로 그림자가 없는 것이다."

적적함마저도 멸하다

5대 적멸보궁은 영축산 통도사, 태백산 정암사, 오대산 상원사, 사자산 법흥사, 설악산 봉정암이다. 신라의 자장율사는 7세기 중국에서 사리와 가사를 가져와 이 땅에 5곳의 적멸보궁을 지었다. 적멸보궁에는 불단에 불상이 없고, 대신 덩그러니 붉은 방석 하나만 있으며 부처님의 진신사리眞身舍利를 모시고 있다.

집으로 출발하려는데 스승께서 '적멸이란 적적함마저도 멸한 것'이라고 말씀하시며 적멸보궁 태백산 정암사를 참배하길 권하셨다. 어디선가 "자장아, 자장아!" 하며 금방이라도 문수보살의 외침이 있을 것 같은 일주문 앞에 서서 합장을 하니, 가을 창공으로 푸른 사자를 타고 올라 간 문수보살과 그 뒤를 따라 가는 자장율사에 대한 이야기가 한 편의 그림같이 머릿속을 스쳐 지나간다.

언제나 여행을 마치고 집으로 돌아가는 길이면 마치 연극이 끝나고 난 뒤 밀려오는 공허함이랄까 항상 마음이 허전하고 적적하였는데 이젠 '이것도 멸하는 것이로구나' 하는 생각이 밀려온다. 자장율사로 인하여 만들어진 '위패'†와 그 영정 앞에서 율사께 머리 숙여 참배하고 돌아오는 가을은 적멸의 길을 열고 있었다.

† 자장율사는 제자들에게 청사자를 타고 하늘로 올라간 문수보살을 친견하러 간다고 말하였다. 그리고 잠시 그 뒤를 따라 올라간 사이 세속의 날은 무려 7일이나 지나버렸다. 이에 자장율사의 제자들은 스승이 죽은 것으로만 알고 티격태격하다가 결국 그냥 재를 지내 버렸다. 재를 지내면서 그를 기릴 마땅한 것이 없기에 종이 위에 그의 이름을 적어 제상에 세웠다. 이것이 바로 위패의 유래이다.

본래면목, 만법귀일, 사요소요

20여 년이 넘어 다시 만난 스승께서 손수 써 주신 화두다. 과거 현재 미래를 다 포함하면서도 이 화두들은 시간을 넘어선다. '이! 뭇고?' '시심마是甚麼'라고 쓰시면서 물음표까지 그려 넣어 주셨다. 써 주신 글을 가만히 보고 있노라면 물음표는 마치 말 안 듣는 소의 목을 잡아끄는 고삐처럼 생겼다.

처음 화두를 들었을 때는 그 느낌이, 마치 승복을 입은 스님 한 분이 삭발한 머리 위로 붉은 화롯불을 이고서 길을 걸어가는데 엎친 데 덮친 격으로 날씨는 무더운 한여름 태양이 쨍쨍 내리쬐는 한낮 같다는 생각이 들었다.

부모 미생전 천진 본래면목父母 未生前 天眞 本來面目

'부모로부터 태어나기도 전 나의 본래 모습은 무엇인가?'

만법귀일 일귀하처萬法歸一 一歸何處

'만법이 하나로 돌아가니 그 하나는 어디 있는가?'

사요소요死了燒了

'죽고 태워져 한 줌의 재 되니 그때 그 주인공은 어디에 있는가?'

이심전심 以心傳心

전통 차茶에 대해 해박한 지식을 가지고 계시는 선사께서는 초창기 차인연합회 창단 일원으로 활동하셨다. 당시 차인연합회 부회장이었던 모대기업 회장님의 부인으로부터 선물 받은 커피포트를 지금까지 쓰고 계셨다. 기능이 좋기는 하지만 용량이 너무 큰 듯 보였다.

겨울이 시작되면 양식을 사러 마을에 내려가기도 수월하지 않으실 테니 쌀을 한 포대 사서 드려야겠다는 생각으로 마트에 가서 '기능성 쌀'을 사가지고 차를 몰고 나오는데, 그 앞에서 마침 유명 브랜드 짝퉁을 팔고 있지 않은가! 속으로 '그래, 비록 짝퉁이지만 꼭 해드리고 싶었던 선물이다'라고 생각하며 구입해 드렸더니, 작은 커피포트를 보신 스승님께선 비싼 공양미는 거들떠보지도 않으시고 어린아이처럼 '좋아라' 하시

며, "시창아, 이거 내가 꼭 갖고 싶었던 것이다. 이를 두고
이심전심이라 한다."고 하셨다.

신묘장구대다라니

 어느 여름날 내게 물으셨다.

"요새 어떻게 수행을 하는가?"

"참선을 합니다."

"집어치워라!"

"네?"

"다라니를 해라! 108신장이 너를 옹호해주고 힘을 얻을 것이다. 다라니가 끊어지지 않게 빨리빨리 외워라. 불교는 자력뿐만 아니라 타력도 빌리는 신앙이니라. 그렇게 하면 원하는 것을 얻을 수 있을 테다."

크게 죽고 바보가 되어야

 스승께서 말씀하셨다.

"한 번 크게 죽고 나서 바보가 될 정도의 상황이 오면 그때서 자연스레 지혜가 솟는다."

이 말씀을 듣는 중에 갑자기 스승님 방에 걸려 있던 족자의 '한산과 습득' 두 선사의 모습이 머릿속을 스친다. 항상 바보 소리를 들어야 했던 문수보살과 보현보살의 화신! 그런 바보가 되어 사는 삶은 어떨지.

뜰 앞의 잣나무를 아느냐?

자주 찾으시는 국밥 집에 앉아서 점심을 드시다가 앞뒤 없이 "네가 뜰 앞에 잣나무를 아느냐?" 하고 물으셨다. 나는 답을 못했다.

조주선사의 '끽다거, 차나 한 잔 하시게'와 같이 유명한 선문답으로써, '조사께서 서쪽에서 온 까닭이 무엇이냐'고 학인이 물으니 조주선사께서 대답하신 내용이다. 그 후론 어째서 '뜰 앞의 잣나무라고 했을까' 하는 의심이 마음속에서 좀처럼 떠나질 않았다. 이때 '의정'이란 이런 것이구나 하고 어렴풋이 알았다.

이 우주가 네 마음이다

"마음이 어디 있냐? 그놈은 아니여. 이 대로가 너의 마음이다. 이 우주가 바로 네 마음인 것이다. 이 우주와 합습해라. 허공을 음으로 하고 네 몸을 양으로 하여 까딱까딱 하며 합해라."

아무 것도 얻을
바가 없는 까닭에

"수행은 어떻게 하고 있냐?"

"매일 다라니를 108독 합니다. 백일 동안 하려고 합니다."

"100일 하면 100일째 되는 날 뭐가 있냐?"

"그저 그렇게 수행하고 있다는 거죠. 며칠 째라고 셈하는 것도 분별심에 떨어진 것을 왜 모르겠어요." 스승께서 물어서 혼자 속으로 말했다. 다라니 열심히 치고, 화두 다시 고쳐 잡고 정진하자!

언젠가 식사 도중에 하신 스승님 말씀이 생각난다. 스님 한 분이 공부를 10여 년 넘게 열심히 하기는 했는데 뭔가 진척이 되지도 않고 뚜렷한 결과가 없는 것 같다며 스승님께 푸념 섞인 목소리로 하소연을 한 적이 있었단다. 스승님께서는 이런 스님은 공부를 제대로 하는 것이 아니라며 공부는 그저 할 뿐이지 무엇을 바래서는 안 된다고 하셨다. 이런 스님이 세상에 나오면 세상이 시끄럽다고도 하셨다. '노란 주둥이로 사거리에서 밥을 얻어먹는다'는 조주선사의 말씀이 귓가를 스친다.

연꽃처럼

고원육지高原陸地 불생연화不生蓮花

비습어니卑濕淤泥 내생차화乃生此花

높은 언덕이나 육지에는 연꽃이 살지 않고

낮고 습한 진흙에서 이 꽃이 산다.

『유마경』

시준거사 내외가 양백정사 정자 주변을 연꽃화분으로 아름답게 꾸몄다. 스승께서 주변을 둘러보며 말씀하셨다. "연꽃을 잘 피우려면 말이다, 화분에다가 오징어 썩은 것을 주면 꽃을 활짝 더 잘 피우지. 연꽃은 오염된 곳에서도 자신은 오염되지 않고 꽃을 피운다."

처염상정處染常淨이라, 어디에도 물들지 않는 연꽃을 비유
하며 항상 깨끗함을 강조하셨다.

꽃이 필 때 이미 꽃 속에 열매가 맺혀 있는 연꽃처럼 중생과
부처가 둘이 아니듯 연꽃과 같은 삶을 살겠나이다!

개차법 開遮法

"세상이 흉흉하니 여섯 강도가 떼를 지어 집을 털고 다니는데 이때는 문단속을 잘하여 꼭꼭 문을 잘 닫아야 한다. 그래도 담을 넘어 들어와 괴롭히고 흉측을 떨면 결코 '쫙'하지 아니한다. 이것이 나로 하여금 나로 인해 나인 것이다."

이날 스승께서는 개차법[†]으로 육근의 경계에서 벗어나 천상천하 유아독존까지 모두를 설해 마치셨다.

어느 날 스승께서는 상원사 주지로 계셨을 때의 일화를 들려 주셨다. 절에서 안거가 끝날 무렵이면 치열한 수행에 따른 보양식을 했는데, 당시 공양주를 노스님께서 맡고 있으셨다. 이 노스님이 끓인 배추 된장국 맛이 일품이었는데,

대중 모두가 아주 잘 먹었다. 스승께서는 이 노승이 맛을 내는 비결이 뭔지 궁금하여 하루는 살짝 뒤를 밟았는데, 장독대 뒤에 감춘 무언가를 꺼내는 것을 보셨다. 그 노승이 사라진 뒤 그것을 꺼내보니 그것은 다름 아닌 멸치가루였다. 스승께선 한동안 모른 척하셨단다. 육식을 금하는 수행자들이 이것을 알았다면 입에 대기나 했겠는가!

---

† 지범개차법持犯開遮法이라고 하며, 경우에 따라 계율을 '지키고, 범하며, 열고, 닫는 법'으로써 융통성 있게 상황을 판단하여 불법을 완성함.

마음은 어디 있나요

약인욕요지若人慾了知 삼세일체불三世一切佛

응관법계성應觀法界性 일체유심조一切唯心造

만약 사람들이

과거·현재·미래의 모든 부처(진리)를 알고 싶거든

마땅히 법계의 성품을 비추어 관할지니

일체 모든 것은 마음으로 지어졌음이라!

부처님 오신날 하루 전 홀로 스승님을 찾아뵙고 여러 말씀을
듣던 중 기억에 남는 말씀이다. 『화엄경』 사구게를 빗대어
스승님의 스승이셨던 전강선사의 일화를 예로 드셨다.

전강선사께서 공부하시다가 속세로 나와 잠시 여관에서 근무하던 시절이 있었는데, 당시 유명한 최남선과 이XX 두 분이 이 여관에 머무르게 되었다. 전강선사께선 이 두 분을 찾아가서 『화엄경』 사구게를 읊으며 다음과 같이 질문했다. "두 분께선 학식이 높고 유명하시니, 『화엄경』 사구게의 마지막 댓구에 나오는 이 '마음'에 대해 질문 드립니다. 저는 그 '마음'이라는 것을 도저히 찾을 수가 없으니 그 마음이란 것이 도대체 어디에 있습니까?" 하고 질문하였지만 두 분은 결국 답을 못하였다고 말씀하셨다.

스승께선 그 마음이란 바로 우주이며, 이 화장세계, 있는 그대로의 세계라고 말씀해 주셨다.

문에 들어서니

신광불매神光不昧　　만고휘유萬古輝猶

입차문래入此門來　　막존지해莫存知解

신령스런 빛은 어리석음을 밝히나니 가히 옛부터 빛나는도다!

이 문에 들어서거든 알음알이를 내지 마라!

중봉명본(中峯明本, 1238~1295)

2006년 초여름, 스승께서 말씀하셨다. "시창아, 이제 갓
입문한 것이다. 입차문래 막존지해 하라!"

본래 이름이 있더냐

공양주 보살이 마을에 내려가 일을 보는
동안 시원거사 내외가 양백정사에 와 있었다. 스승께서는
먹을 것이 마땅치 않으셨는지 시원거사 내외에게 밀가루를
찾아 풀어놓으라 하시고는 나에게는 뜰 앞으로 가자고 하셨
다. "시창아, 저 가죽나무의 잎을 몇 장만 잘 뜯어라." 나는
붉은 빛 도는 어린잎을 뜯어 광주리에 담아 시원거사 내외에게
주었다. 시원거사가 묻고 나는 답했다. "이게 뭐예요?" "가죽나
물이래요."

스님께서 옆에서 대화를 들으시다가 말씀하신다. "그게
본래 이름이 있더냐? 네가 그렇게 부르니 그럴 뿐이지…"

식물도 유정有情

언제부터인가 나무와 꽃을 무척 좋아하게 되었다. 특히 겨우내 추위를 견디고 피는 꽃이 사랑스러워졌고, 식물과의 교감을 통해 오히려 사람들이 치유 받는다는 것을 알게 되었다. 한동안 집 베란다에는 화분들로 가득 찬 적이 있었는데, 한 송이 꽃에서도 개개의 꽃잎이 확연히 다르다는 것을 알 정도로 관찰의 즐거움에 빠져 살았다.

그런데 스승님께서 말씀하시길 "모든 식물들도 유정이다. 정이 쌓이고 쌓인 것이 굵은 나뭇가지가 되는 것이다. 그러니 분재는 하지 마라."고 하셨다. 식물들을 오래 기르다 보니 벌레들과의 다툼이 있었는데, 처음엔 벌레 한 마리 죽이지도 못하여 끙끙댔던 적이 있었다. 이젠 죽은 벌레들도 잘려나간 나뭇가지들도 새로운 몸을 받아 성불하길 기원하며 다라니를 치면서 식물과 벌레들과 잘 지내고 있다. 어느 비구니 스님 말씀이 생각난다. "식물을 기르는 것은 자비심을 기르는 일입니다."

아무것도 아니면서
모든 것인 'ㅇ'

              'ㅇ'은 원만圓滿하고 완전完全한 숫자라고 설하셨다.

하나인 줄 알고 보니 둘이요, 둘인 줄 알고 보니 둘도 아니요.

아무것도 없는 줄 알았는데 모든 것을 다 머금었더라.

선禪의 세계

선禪 음악이 녹음된 테이프를 사서 드렸다. 테이프 케이스에는 '선禪 세계의 음률이 흐르는…'이라는 문구로 음악 내용을 소개하고 있었다. 스승께서는 이를 보시고 지적하셨다. "선에 어디 세계가 있니? 선에는 세계가 존재하지 않는다."

정좌처 다반향초

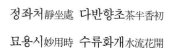

정좌처靜坐處 다반향초茶半香初

묘용시妙用時 수류화개水流花開

조용히 앉아 차 한 잔을 드니

차는 반이나 그 향기 처음과 같네.

신묘하게 쓰니 이때 물 흐르고 꽃이 피네.

　스승님께서 이 글을 주시면서 "차가 반이면 향도 그와 같이 사라져 처음과 같을 수 없음에도 불구하고 향기가 처음과 같으니, 있을 수 없는 일이다. 이렇게 불가사의한 일들이 벌어지는 순간을 가리켜 신묘하다고 말하노니 이때는 '용用'이

라, 물 흐르는 것은 법法이요, 꽃이 피는 것은 세상이 열리는
것이니 이를 화엄華嚴이라"고 말씀해 주셨다.

헌신

선사께서 말씀하셨다. "새끼를 가진 어미 두꺼비가 뒤뚱거리며 숲에서 나와 뱀에게로 걸어간다. 뱀 앞으로 가서 폴짝폴짝 뛰며 일부러 잡아먹혔다. 그 후 그 뱀의 몸에서는 새끼 두꺼비가 나온다. 이렇게 자연은 신비하다."

스승은 제자를 위하여 이렇게 살신성인殺身成仁 하는구나! 삼계의 스승이신 부처가 온몸을 던져 세상에 먹히고, 세상의 몸을 뜯어 먹는 모든 중생, 모두가 부처되는 그날까지 상구보리 하화중생上求菩提 下化衆生 하겠습니다.

세 권만 읽어도 된다

"『증도가』, 『선가귀감』, 『선문촬요』,
이 세 권만 읽어도 된다."

화두 참구할 때만 하더라도 불경이나 책 이야기는 전혀
꺼내지도 않으셨는데 다라니를 하라고 하신 이후 스승께서
추천해 주셨다. 후에 알았는데, 책을 많이 읽어 지식이 쌓이면
자신도 모르게 꿰맞추는 짓을 한다. 이는 사자 흉내를 내는
여우새끼 한 마리를 키우는 것과 같다.

매화향자고한래 梅花香自苦寒來

스승님께서는 젊은 시절 홍도로 공부하러 가셨던 일화를 말씀해 주셨다. 홍도 난은 일본인들이 모조리 캐가서 멸종되었다고 알려졌었는데 스승께서 우연히 풍난 다섯 포기를 발견하셨다. 당시 로비스트로 이름을 대면 알만한 모그룹회장 박XX씨에게 청하여 외국에서 배양기를 들여와 대량재배에 성공하였다고 한다.

공양간 창문 턱에 활짝 핀 풍난의 향기로 옛 기억을 더듬으시며 스승께서는 공부하는 학인을 경책하기 위해 일갈하신다. "더운 지역의 꽃들은 꽃은 화려하고 아름다우나 향기가 없다. 뼈에 사무치는 혹독한 겨울을 지내야만이 매화 향기가 짙도다!"

법성계와 회광반조廻光返照

　　　　　　　　의상대사께서 지으신 「법성게」는 칠언 삼구 총210자로 이루어져 있는데, 동안거 동안 스승님께서는 매일 조석으로 붓글씨를 써서 불자들에게 보시하셨다.

　　하루는 스승님께서 말씀하시길 "법성게를 외워라. 이를 외우면서 모든 구절 구절을 내 안으로 다시 비추어라. 이렇게 외워야 한다. 하다보면 환히 드러난다."고 하셨다.

　　그리고 당신 가슴을 향해 집게손가락을 구부리시며 스승께서 다시 강조하셨다.

　　"자꾸 자기 안으로 비추어 보아라."

곽요저명郭寥煮茗

관 같은 집에 홀로 누워 있으니
놋화로에 불 지핀 구리 주전자
향기로운 차 끓는 소리 들리네.

곽요저명郭寥煮茗을 한 자씩 보면 관 또는 널 '곽'자이고,
적막한 '요', 끓을 '저', 차 '명'이다. 스승님께서 손수 지으신
글이다. 저녁공양이 끝날 무렵 영주에 사는 거사가 '곽요저명'
글씨를 서각해서 가지고 왔다. 큰스님께서는 서각을 보시며
만족해 하셨다.

그런데 내가 보기에 전에는 스승님의 붓글씨 서체가 아주
거칠고 힘찬 선기禪氣가 묻어났는데 이번 서각의 서체는 얌전

한 새색시마냥 평범해 보였다. 서체는 그 사람의 인격과 인품이 묻어나는 또 다른 얼굴이다. 그래서 그 거사 분에게 어떻게 서각을 했냐고 물으니 그분께서는 스승님의 글씨를 컴퓨터로 다시 디자인해서 글씨 균형을 맞추었다고 했다. "아뿔싸! 그래서 그랬구나!" 집으로 돌아와 차 한 잔을 하면서 스승님께서 지으신 '곽요저명'에 대해 곰곰이 생각해 보니 마음 한편이 짠해졌다. 왜 자꾸 생사生死를 넘어선 열반송涅槃頌으로 들리는 걸까?

여여如如하다

"네 이름이 무엇인고?"

"충서입니다. 박충서."

"중中은 입에 빗장을 친 것이고, 충忠은 마음에 빗장을 친 것이다."

"우리가 용서할 때 '서恕'자를 가만히 보면 말이다, 마음 심心 위에 항상 '같다'라는 '여如'가 있다. 잘못을 저지른 누군가를 용서하는 마음은 아무 일도 없었던 그 이전의 마음과 같아야 하는 것이다. 그것이 용서다."

자꾸 더 깊이 들어가야

20년이 훌쩍 지나 다시 만난 날 큰스님
께 물었다.

"아니, 연세도 많으신데 어찌 이렇게 깊은 산 속에 계십니
까?"

"중은 나이를 먹으면 자꾸 더 깊은 산속으로 들어가야 한
다."

스승께서는 공부에 방해 받지 않으려고 도반들로부터 멀찌
감치 떨어진 두메산골, 인적도 거의 없는 양백정사에 터를
잡으셨던 것이었다.

날마다 좋은 날

'일일시호일日日是好日'이라, '날마다 좋은 날'이라는 뜻이다.

오고가는 사람들이 많은 사업장에 써 주시는 글귀인데, 스승님 상좌이던 시관스님이 불사佛事를 하려고 강화도에서 운영하는 쑥 체험관에도 이 글씨가 붙어 있고, 풍기 동양대학교 앞에서 시원거사가 운영하는 능이칼국수 집에도 이 글씨가 걸려 있다. 20여 년이 훌쩍 지나 스승님을 다시 찾은 그날, 스승께서는 정현스님께서 그린 '날마다 좋은 날 되소서'라는 글귀가 있는 선화禪畵를 나에게 주셨다. 선화의 내용은 소를 타고 가는 동자가 피리를 부는 모습이었다. 스승께서 이 피리는 구멍이 없는 피리라고 말씀하셨다. 나는 순간 이 모순 섞인 말씀을 듣고 불같이 궁금증이 일어났다. 그래서 그때부터 심우도尋牛圖[†]를 혼자 공부하면서 구멍 없는 피리가 무엇인지, 그 소리는 어떠할까 하고 오래도록 생각했었다. 그 후 나는 이 선화를 다른 이에게 선물하였다. '날마다 좋은 날'은 그렇게 시공간時空間을 넘어서 우주에 가득 차 있었다.

[†] 마음을 소에 비유하여 수행자가 본성을 깨달아 가는 과정을 그린 선화

귀로 맛보다

식당 운영이 시원치 않아 고심하던 두 불자 내외에게 칼국수 집을 차리게 하시고 식당 이름을 '능이미 能珥味家'라고 지어 주셨다. 통나무집으로 지어진 실내에는 능이미가라고 손수 쓰신 글씨가 서각된 현판이 멋스럽게 걸려 있었다.

몇몇 제자들이 모여서 스승님을 모시고 능이버섯 전골과 칼국수를 먹었다. 버섯은 제일로 치는 것이 능이요, 두 번째가 표고이며, 다음은 송이라고 하시면서 식사 중에 스승께서 말씀하셨다. "시창아, 능히 귀로도 맛을 볼 줄 알아야 한다."

신묘장구대다라니를 하면서

　　　　　　　　　　"무릎을 꿇고 일어났다 앉았다 하면서
다라니를 쳐라. 일어났다가 앉을 때 몸을 약간 뒤로 젖히면서
앉아라."

　또 한 가지 방법을 더 일러 주셨는데, 기마자세를 하고
두 손을 합장을 한다. 무릎을 굽히면서 반쯤 앉았다가 다시
일직선으로 무릎을 펴면서 차렷 자세로 일어선다. 이때 열
발가락에 힘을 주고 일어서면서 오직 발가락 힘만으로 온몸을
지탱한다. 정해진 수의 다라니를 칠 동안 이를 반복한다.

　어느 날 또 말씀하시길, 다라니를 칠 때 서울이면 서울,
일산이면 일산, 자신이 거주하고 있는 지역의 모든 기운을
끌어 모으는 듯이 마음가짐을 하라고 하셨다.

마누라 자식 다 죽이고 와라

박정희 정권 시절 유명한 거지왕 김춘삼의 일화를 말씀해 주셨는데, 비록 거지였지만 그에게 큰 교훈을 얻었다고 하셨다. 당시 새마을운동으로 인해 거지왕 김춘삼은 큰 이권 사업에 손을 댈 수 있었는데, 이 정보를 듣고 한 사람이 그를 찾아가 동업을 제의했다.

김춘삼은 동업을 제의한 사람에게 "좋소. 동업을 허락하겠으나 조건이 하나 있소."라고 하며 조건을 붙였다. "내일 이 사무실로 오기 전 당신 마누라와 자식을 한강에 빠뜨려 다 죽이고 오시오. 그렇다면 내가 동업에 응하리다." 제안자는 얼굴이 사색이 되어 왜 그러냐고 물었다. 그랬더니 김춘삼은 "나는 거지요. 그래서 나는 자식과 마누라가 다 없소. 오직 있는 거라곤 내 동료 거지들뿐이요. 당신도 나와 같은 조건이라면 내가 동업에 응하겠소!"라고 답했다.

출가자나 초발심자 모두에게 참 의미심장한 이야기다.

조왕신

음식점을 운영하는 부부가 있었는데 장사가 잘 안 되었다. 이런저런 궁리 끝에 간절한 마음으로 스승님을 찾아왔다. "무엇을 하는고?" 하고 스승께서 물으시자 음식점을 한다고 하니 "요즘 음식점 하는 이들은 전부 불구덩이 지옥에 제일 먼저 떨어질 것이다!"고 하셨다. 그 부부는 지옥에 떨어지지 않고 음식점을 할 수 있는 방도를 일러 달라고 하였다.

스승께선 몇 주일에 걸쳐 이 부부에게 여러 가지 메뉴와 조리법을 일러 주셨고, 식당 주방에 조왕신을 모시라고 하셨다. 옛부터 조왕신은 부뚜막(부엌)을 관장하는 신으로 유명하다.

스승님께서는 해인사 공양간에도 조왕단을 두었고, 원효대사께서도 말년에는 공양간 소임을 보았다고 하셨다. 공양간에서 음식을 한다는 것은 아주 큰 보시로써 복을 짓는 행위인 것이다. 불가에는 공양간에서 한 철만 살아도 다음 생에 먹고 사는 재복은 다 마련한 것이라는 말도 있다.

속세에서는 '식품 위해 요소 중점 관리 기준'이라는 제도를 두고 음식물 제조를 관리하고, 수시로 공무원들이 암행을 하여 주방을 점검한다 하지만 제 아무리 훌륭한 제도라고 하여도 조왕신을 모시는 지극한 마음과 부처님께 올리는 공양을 짓는 지극한 정성으로 운영하는 마음이 더 수승하리라는 것은 당연한 이치다.

우리들 입으로 들어가는 음식을 가지고 양심을 속여가면서 부를 축적하는 사람들이 판치는 세상이지만, 눈을 부리부리하게 뜨고 잘못하면 바로 철퇴를 내릴 부뚜막 신神 아래서라면 과연 손님이 먹던 밥이나 반찬을 모아 다시 주고, 식재료를 저질로 쓰는 짓을 감히 누가 하겠는가? 그 어찌 망령된 음식이 만들어질 수가 있겠는가! 부富를 축적하기 시작한 이 불자 부부는 누군가 찾아와 자신과 같은 음식점을 차리고 싶어 도움을 청한다면 무상으로 모든 것을 돕겠단다. 단, 조건은 하나. "조왕신을 모셔라!"다.

마음

처음에는 찾을래야 찾을 수가 없다 하시고, 이제는 마음이 없는 놈은 죽은 놈이라고 하시네!

지혜의 칼

"선문답이란 무엇입니까?"

"지혜를 겨루는 칼이다."

가피 加被

스승께서 깊은 산 토굴에서 공부하던 궁핍한 시절, 추운 겨울 한 철을 나려고 양식을 구하기 위해 마을로 내려갔다가 다시 토굴로 들어섰는데 같이 생활하던 스님이 사라지고 없었다. 이상히 여겨 토굴을 여기저기 둘러보니 쌀독에 있던 쌀을 한 톨도 남김없이 다 퍼가고 없었다. 순간 화가 머리끝까지 치밀어 올라 "내 오늘 이 중놈을 때려죽이고야 말겠다."며 그 스님을 잡으려고 씩씩거리면서 산비탈을 막 뛰어 내려가는데 갑자기 눈앞에 불기둥처럼 시뻘겋게 타오르는 불佛자가 앞을 턱 하니 가로막는 것이 아닌가! 문득 다시 정신을 가다듬고 토굴로 돌아와 정진에 매진하였다.

공부하기 좋은 시절

"요새는 어떠하냐?"

"공부하기 좋은 시절입니다."

이 대답을 드렸던 나는 그때 물질적으로나 정신적으로 아주
힘든 상황에 처해 있었다. 하지만 만일 그 당시 배부르고
넉넉한 좋은 환경이었다면 공부는커녕 불법조차 만나기 힘들
었을 것이다. 죄가 깨달음의 어머니고, 고통이 초발심의 아버
지였다. 이때가 아니면 언제 닦으랴!

업은 녹여야 한다

젊은 시절 스승께서 선방에서 대중들과 참선하시던 중 당신의 얼굴이 마구 녹아 흘러내렸다고 한다. 환상의 고통으로 '으, 으, 아!' 하니 옆 도반들이 얼굴을 찌푸렸다.

친지 중에 암환자가 있어서 암에 대해 여쭈니 "암은 칼을 대는 것이 아니다. 녹여야 된다. 녹여야 완치가 된다."고 말씀하신다.

하루는 스승께서 공업共業에 대해 말씀하셨다. "내가 한창 토굴에서 공부할 때 가끔 포행을 하면 산꼭대기로 여자들이 그렇게들 많이 올라와서 오줌을 누고가곤 했다."고 여성상위에 대한 상징성을 암시하면서, "조선시대 때 남자들이 여자들을 너무 핍박하여 그에 따른 업보를 앞으로 남자들이 다 받아야 한다. 앞으로 사회는 모계사회로 바뀌어 갈 것이다."라고 하셨다.

† 사회 구성원이 공동으로 함께 짓는 업

자미가 있어야

경북 부석사 주차장 내에 있는 음식점 상호를 자미가滋味家로 지어주셨는데, 장사가 아주 잘 되고 있다고 말씀하셨다. 자미는 '재미'라는 뜻을 가지고 있다. 스승께서는 하고자 하는 모든 일에는 재미가 있어야 한다고 말씀하셨다. '자미가'는 서울 방배동까지 진출했으며, 전통사찰음식 전문점으로 포교의 몫도 톡톡히 하는 대견한 식당이다.

언젠가 스승께서 나에게 이 땅에 불국토를 세우자고 하신 말씀이 생각난다. 그래, 부처 혼자서는 재미가 없다. 중생 없는 부처가 뭔 소용이 있겠는가! 누구 말대로 혼자서 잘 살면 무슨 재미가 있겠는가. 살맛이 안 난다. 중생과 더불어 재미가 깨처럼 쏟아지는 불국토를 세우리라!

이름도 목숨도 없는 그놈

소백산에 새봄이 오고 노승은 화단을 정리하신다.

다알리아 꽃 같은 알뿌리를 캐어 마늘을 쪽 내듯이 한 알 한 알 심으라고 하신다.

옆에서 오가피 차를 덖는 시진거사에게 나를 소개하시며 혼잣말로 말씀하셨다.

"자본주의 하에서는 돈이 없으면 그놈은 이름도 목숨도 없다. 돈이 있어야 기지개를 켤 텐데…"

비쩍 마른 부처는 거두어라

양백정사에 몇 번 드나들어 법당에 걸린 사진이나 글씨 등을 찬찬히 볼 수 있을 정도로 마음에 여유가 생겼을 때 나는 참으로 충격적인 사진을 보고 온몸에 전율이 흘렀다. 그것은 석가모니 부처님께서 고행의 극치를 보여주는 모습을 담고 있는 불상 사진이었다. 뱃가죽은 등에 붙어 있고, 온몸의 살과 뼈가 하나로 붙어 힘줄이 선명하게 드러나 있는데, 실로 인간의 육체로써 참담함을 금치 못할 모습이었다.

그 후 인사동에서 우연히 이와 똑같은 사진을 구하게 되어 기쁜 마음으로 이 사실을 스승께 고하니, 스승께선 오히려 추상같은 목소리로 "비쩍 마른 부처는 거두어라! 그것은 고행자의 모습이니라. 모든 것을 다 갖추어 원만 보신하여 후덕한 부처님의 상호를 두고 왜 그런 모습을 그리는가!"라고 하셨다.

앞으로 고행이 아닌 수행하는 불자로써 간절한 마음으로 이 목숨 다하도록 '상구보리上求菩提, 하화중생下化衆生'하기를 서원하였다.

도둑이 되라고요?

　　　　　어느 추운 겨울 스승님께서는 하버드 대학 출신 현각스님을 비롯해 두 스님과 같이 영월에서 양백정사로 돌아오시는 중이었다. 눈이 쌓이면 소백산은 나올 수도 들어갈 수도 없기 때문에 양백정사에 들린 나는 홀로 예불을 드리고 급히 길을 나섰다.

　중간에 차를 잠시 멈추고 전화로 회사일을 상의드렸더니 말씀 끝에 "까만 데 가면 까맣게 되고, 빨간 데 가면 빨갛게 되어야 한다. 알겠냐? 동사섭同事攝 해라!"라고 하셔서 내가 다시 여쭈었다. "그럼, 스승님. 도둑놈 소굴에 들어가면 도둑이 되어야 하나요?" 하니 스승께서 말씀하시길 "그럼, 그렇지! 도둑놈 소굴에 들어가면 도둑이 되어야 한다."고 하셨다.

　순간적으로 무슨 말씀을 하시는지 어안이 벙벙했지만 이후 사회생활의 아주 귀한 키워드가 되었다.

---

† 보시布施, 애어愛語, 이행利行, 동사同事 4섭攝의 하나. 불·보살이 중생의 근기에 따라 몸을 나타내되, 그들과 사업·이익·고락·화복을 함께 함으로써 진리의 길로 이끌어 들이는 것을 말함.

일체유심조 一切唯心造

선사께서 얼굴을 돌리시며 말씀하셨다.
"내가 얼굴을 돌리면 우주도 없다."

양백정사 법당에는 젊고 잘 생긴 아미타 부처님 한 분만을 모시고 좌측 협시불로써는 십일면관세음보살 그림이 큰 액자로 세워져 있다. 그리고 전면 좌측에는 화엄신중을 모신 신중단이 있다. 사실 어렸을 적부터 기독교 문화 속에서 자란 나는 부처님과 보살들 그리고 불법을 수호하는 무시무시하게 생긴 신중들을 모신 사찰에 들어서기에는 항상 적지 않은 심적 부담감이 있었다.

그런데 어느 날 양백정사에서 저녁예불을 드리는데 아미타 부처님께서 입가를 살짝 올리며 나를 보고 빙그레 웃으시는

것이 아닌가! 그날 이후 난 아무에게도 말하지 않고 그 미소를
가슴속 깊이 묻어 두었다.

생각은 어떻게 일어나는가

선사께서 자동차를 예로 들어 '생각(번뇌, 망상)이 일어나는 것'에 대해 다음과 같이 설명해 주셨다.

자동차를 움직이려면 연료 점화장치(점화 플러그)에서 불꽃을 실린더에 가해 유체流體와 스파크(불꽃)가 동시에 일어나 엔진이 움직이듯이, 중생의 생각도 그렇게 일어난다고 하셨다. 즉, 뇌의 뇌하수체에서 하얀 피를 분사하면 머릿속에서 붉은 피를 만나 스파크가 일어나서 쉴 새 없이 파도치듯이 생각이 일어난다. 뇌 속에서 불꽃이 일어나면 피가 붉게 타들어가는데 이때 피는 일종에 산화작용을 한다. 따라서 번뇌 망상으로 생각이 많아지면 머릿속에서 피를 많이 소모하여 피로를 느끼게 되는 것이다. 그러므로 불을 끄듯이 산사의 스님들이 차茶나 물을 자주 충분하게 마시는 것이다. 상형문자

인 한자의 번뇌 번煩자를 보면 불 화火자가 옆에 붙는 것을
볼 수 있는데, 이는 머릿속에서 번뇌의 불꽃이 타는 형상을
나타내고 있다.

깨달음과 득력得力

양백정사에 며칠 머물던 비구니 스님이 한 분 계셨다. 스승께서 평소 유전적 지병이 있으시고 칠순이 넘으신 고령이어서 홀로 계시는 것이 항상 마음에 걸렸었다. 물론 아랫마을에 사는 몇몇 거사님들과 제자 분들이 잘 보필해 왔었지만 말이다. 마침 큰스님 시봉을 할 사람이 없었는데 잘 됐다 싶어서 더 머무르게 하시길 스승께 권하니, 스승께서는 비구니 스님이 오래 머무르는 것은 좋지 않다고 하시며 싹은 미리 미리 자르는 것이라고 하셨다. 그러시면서 그 비구니 스님은 백일기도 후 큰 힘을 얻었는데, 그렇지만 "힘을 얻는 것과 깨달음은 같지 않다."고 하셨다.

선禪은 학문이 아니다

'다정茶亭'에 앉아서 책을 읽고 있는 나의 모습을 보시고 스승께서 경계의 말씀을 주셨다.

"선에 대하여 많은 여러 학자들이 이러쿵저러쿵 써 놓은 책을 읽어봐야 소용이 없다. 학자는 그저 학자일 뿐이야. 선생이란 직업은 앵무새다."

오래 전 견성에 대해 어느 분에게 들은 이야기인데, 옛날 어느 시골에 한 노파가 부뚜막 아궁이 앞에 앉아서 불을 지피다가 문득 깨달음을 얻었다고 한다. 이렇게 일자무식한 이도 자신의 성품을 보는 데는 아무런 문제가 없다. 이는 배고프면 그냥 밥을 먹으면 되지 '밥, 밥' 하고 소리쳐봐야 배가 부르지 않는 이치와도 같다.

혼자 가는 먼 집

강원도, 경상도, 충청도의 3도 경계에 접한 양백정사는 어디에도 접했지만 또 그 어느 경계에도 접하지 않았다. 강원도 영월로 거쳐 가는 길은 김삿갓 묘를 지나 의풍교 다리 앞에서 우회전을 하는데, 그곳에서부터 양백정사까지는 제법 걷는 길이다. 차를 몰고 양백정사에 갈 때마다 무슨 이유에서인지는 모르겠지만 터덜터덜 이 길을 바랑 하나 달랑 매고 걸어가는 구도자의 마음으로 한 번은 꼭 걸어가고 싶다는 마음이 있었는데, 오늘 드디어 마을 구경도 하면서 양백정사까지 걸어갔다.

스승께서는 그렇게 걸어온 것을 아시는지 새삼 어떻게 왔는지를 물으셨다. 그래서 그렇게 걸어서 왔노라 하니, 여행이란 그렇게 여러 가지 교통수단으로 걸어서 다니는 것이 참맛이라

고 하셨다. 그러시면서 "석가모니 부처님이나 예수님, 공자
님, 맹자님 같은 분들은 다 선구자다. 앞서 나가는 선구자는
외롭고 고독하다. 그 길은 그렇게 적적하게 홀로 걷는 것이다."
라고 말씀하셨다.

환지본처 還至本處

여수 향일암을 거쳐 부석사 앞에서 하루 묵고 동생과 김 교수와 함께 여행을 하고 돌아오는 길에 스승님께 들렀다. 눈이 너무 많이 내려서 양백정사 근처는 고사하고 연화1교 앞에서 바퀴가 헛돌아 더 이상 올라갈 수 없었다. 스승님께 전화를 드렸더니, 아뿔싸, 영월 다슬기 집에 있으니 산을 돌아 오라는 거였다. 한 시간 이상 남짓 산줄기를 타고 돌고돌아 스승님을 뵈니 처음 뵙는 스님 한 분과 제자 분들이 함께 있었다. 식사를 하면서 그 동안 여행의 경로를 말씀드리니 큰스님께서는 뱅글뱅글 돌고 돌아 여행을 마치고 집으로 돌아오는 것을 일컬어 '환지본처'라고 설명해 주셨다. 또 그렇게 여행하는 세속의 우리처럼 돌지 않고 당신은 자재自在하다고 하시며 『금강경』 첫대목을 말씀해 주셨다. 첫 대목 내용은

"석가모니 부처님께서 식사 때가 되서 가사를 입으시고 발우를 들고 걸식을 하러 성안으로 들어가셨다. 집집마다 걸식을 다 하시고 본래 계시던 거처로 오셔서 진지를 다 마치고 가사와 발우를 잘 정리 정돈하시면서 발을 씻고 자리를 펴고 앉으셨다."라며 환지본처란 이런 것이라고 말씀하셨다. 그때 나는 속으로 되뇌고 있었다. "환지본처라. 아, 본래의 제자리로 와서 다시 앉는구나!" 여러분도 눈치 챘는가? 첫 대목에 이미 모든 것을 다 말씀해 버리셨다!

자식을 가르칠 때

"평소 자식에게 참견하고 간섭하지 마라.

가만히 기다렸다가 자식이 도움의 손을 내밀면 그때 조언과 격려를 아끼지 마라.

그 전까지는 가만히 있어라. 불교의 가르침도 이와 같다!"

늙으면

친구와 같이 스승님을 뵈러 갔다. 스승께서 친구 부모님에 대해 물으셨다. 그 친구는 몇 해 전 아버지를 여의었는데 당시 부득이한 형편으로 큰형도 자신도 아버지를 모시지 못했고 임종도 보지 못했다고 하였다. 스승께서는 어떤 이유로든 부모님을 모시지 못하는 것은 잘못임을 지적하시며 말씀하셨다. "사람은 늙으면 마음이 작고 연약해진다."

6년 전 20여 년 만에 다시 처음으로 스승님을 만났을 때 나의 부모님에 대해 물으셨던 기억이 문득 났다. "두 분 다 계십니다."고 하니 "네 복福이다!"라고 말씀하셨다.

업 덩어리

"이 아이는 누구냐?" 하고 스승께서 물으셨다.

"의동생입니다."라고 내가 말씀드렸다.

"어디 불조佛祖 앞에서 감히 의와 피를 말하느냐! 업 덩어리다!"라고 하시며 나를 호되게 꾸짖으셨다.

쉬다

"어떻게 왔는가? 저 놈이 뭐라고 해서 여기까지 왔는가?" 친구에게 스승께서 말씀하셨다.

"머리 식히고 쉬러 왔습니다."라고 친구가 말씀드렸다. 그후 스승께서는 아무 말씀도 안하셨다.

언젠가 시하거사와 술 한 잔 할 기회가 있었는데 그는 나에게 말하길, 양백정사에 처음 같이 갔을 때 스승께서 "너희들은 너무 생각이 많아. 생각을 하지 마라!"라는 말씀을 평생 잊을 수가 없어서 가슴에 넣고 산다고 했다. 처음 그 말씀을 접했을 때, 일반 세속의 사람들은 "제발 정신 차리고 생각 좀 하면서 살아라!"고 하는데 어찌 그렇게 반대로 말씀하셨는지 충격으로 받아들여졌다고 하였다.

소유할 수 없는 마음

출가 전 스승님에게 양가 어른께서 결혼을 약정한 여인이 있었는데 약혼식 전날 그 여인과 스승님 단 둘이 만났다. 여인이 결혼을 하자고 하자 스승께서는 "나는 사랑이 뭔 줄 모르오. 결혼을 꼭 하자고 한다면 하긴 하겠소만 마음이란 소유할 수가 없기에 결국 당신은 나를 소유할 수는 없소. 그래도 결혼을 하시겠소?"라고 말씀하셨다. 여인은 아무런 말도 하지 못한 채 눈물을 훔치며 돌아섰다.

어느 날 식당에서 식사를 하는데 보살님 한 분이 스승님께 예를 표하며 인사를 하고 돌아섰다. 스승께서 말씀하시길 "저 보살의 남편은 아내가 절에 자주 간다고 불평이 아주 많아. 그리고 또 밖으로 잘 다니지도 못하게 단속을 심하게

하지. 그렇게 하면 보살의 마음도 잡을 수 있다고 생각하나
봐?"

한 길에
두 부처가 가지 않는다

어느 날 비구니 스님과 나 그리고 스승님 셋이서 식사를 했다. 그 집 음식 맛이 처음과 같지 않다고 나와 비구니 스님이 지적하며 이런저런 이야기를 나누던 중 보살님 한 분이 오셔서 스승님께 예를 갖추며 말했다. 자기 딸은 다른 절에 가면 머리가 아픈데 스님 절에 가면 머리가 씻은 듯이 나아서 감사하다고 하더니, 자신이 꾼 꿈 이야기를 하였다. 꿈속에 웬 할아버지가 나와서 자꾸 자기 딸을 끌어가기에 자신이 고함을 치며 마침 손에 들고 있던 금강저†로 그 할아버지를 쫓았다고 했다. 스승께서는 아주 잘 했다고 그 보살에게 말씀하시며, 이 비구니 스님이 기도 성취로 힘을 얻었으니 한번 만나보라고 했다. 그러나 비구니 스님께서는 그 보살이 자리를 뜨고 난 다음 스승님께 말씀하셨다. "저는 저에게 직접 찾아오는 인연 있는 사람만 만납니다. 큰스님과 인연 있는 분은 큰스님께서 만나십시오." 젊은 비구니 스님이 참 대견스러워 보였다.

† 불교의식에 사용하는 불구佛具의 하나로써 원래는 제석帝釋의 전광(電光 : 번개)에 붙였던 이름이었으나 점차 여러 신들이나 역사力士가 지니는 무기를 가리키게 되었다. 불교로 수용되면서 금강저는 그 단단함 때문에 모든 장애물을 극복할 수 있다는 뜻으로 해석되었고, 불교의식에서는 마음의 번뇌를 없애주는 상징적인 의미를 지니게 되었다.

염불보다 잿밥

무더운 여름날 정자 그늘에 앉아 스승께서 재미난 이야기 하나를 들려주셨다. 우리는 그날 아주 배꼽을 잡고 웃었다.

옛날 어느 젊은 스님이 비 온 뒤 마당으로 나가보니 움푹 패여 물이 고인 웅덩이 속에 무엇인가가 있었다. 가만히 들여다보니 형형색색의 아름다운 여러 물고기들과 물속에 사는 곤충들 그리고 물풀들이 황홀경으로 있는 것이 아닌가. 너무나도 황홀한 나머지 자기도 모르게 물속에 코를 박아 숨을 못 쉬게 되어 죽었다. 말 그대로 그 젊은 스님은 접시 물에 코를 쳐 박고 죽은 격이 되었다. 하지만 몸은 죽었어도 아직 영은 살아 있어서 모든 상황을 볼 수 있었다. 죽은 자신의 주변으로 사람들이 모이고 곡을 하는데, 자신의 시신은 절로 모셔졌다. 평소 친하던 두 도반이 자신의 왕생을 위해 재를 드리고 염불을 해주는 것이 아닌가! 그런데 그 염불소리를 들어보니 이상하게도 처음 듣는 소리였다. 가만히 귀 기울여 들어보니 극락왕생의 축원 목소리는커녕 평소에 자신의 바리때와 목탁을 탐내던 도반들의 그 탐욕스런 마음만이 그대로 드러나 "내 바리때, 내 바리때, 내 바리때†" "이제는 내 목탁, 내 목탁"이라는 소리로 들렸다. 순간 죽었던 젊은 스님은 갑자기 깨어났고, 두 도반은 혼비백산하였다.

---

† 절에서 쓰는 공양그릇. 나무나 놋쇠 따위로 만든 대접.

바쁘면 듣기라도 해라

선배 한 분을 모시고 스승께 갔다. 아내와의 깊은 갈등과 사업 부진으로 거의 탈진 상태인 선배였다. 스승께서 말씀하셨다. "바쁘면 차 속에서 '신묘장구대다라니'를 틀고 다녀라." 나중에 알았는데 그 선배는 자동차에 있는 카세트가 고장날 때까지 듣고 다녔다. 그 후 사업이 호전되었다는 소문이 들려왔다.

취중진언醉中眞言의 유래

한번은 스승께서 외국에서 온 서양 스님에게 다라니를 가르치셨는데, 어느 날 이 외국 스님께서 곡차를 좀 과하게 하셨던 모양이다. 그래서 취한 몸을 부축하려 하니 글쎄 그 취한 와중에도 고개를 숙이고 웅얼웅얼 다라니를 외우고 있는 것이 아닌가! "나모라 다나다라 야야 나막알약 바로기제 새바라야…"

우스개로 취중진언이란 이런 상황을 두고 한 말인가?
영국 격언에도 그러지 않은가, '어린이와 술 취한 사람은 진실을 말한다'고.

중생의 삶

아침공양을 마치고 스승께서 반가부좌를 트시고 말씀하셨다.

"바랑을 등에 짊어지고 여름 밤길을 걷는다. 마을 어귀에 들어서니 휘영청 밝은 달은 나뭇가지에 걸려 미풍에도 건들거린다. 따스한 불빛이 새어나오는 시골집이 더욱 정겹게 느껴지는구나. 이때 막 골목길을 돌아서려는데 갑자기 바람이 휘이익 하고 세게 한 번 불었다. 그 바람에 시골집 뜰에 서 있는 큰 나무의 그림자가 흔들렸다. 그 집 앞에 매어 있던 누렁이가 갑자기 흔들리는 나무 그림자에 흠칫 놀라서 그 그림자를 보고 목줄이 빠져나가라 팽팽할 정도로 당기면서 컹, 컹, 컹 짖어댄다. 그런데 어라? 그 소리를 듣고 이번엔 바로 옆집의 바둑이가 멍, 멍, 멍 하고 필사적으로 따라 짖는 것이 아닌가. 그랬더니 그 소리에 연이어 뒷집의 검둥이가 우, 우, 우- 하고 울부짖기까지 한다. 나중에는 온 동네 개들이란 개들은 다 덩달아서 짖어댔다." 나는 그저 빙그레 웃기만 했다.

탈피脫皮,
그 껍데기를 벗어던지다

양백정사 아랫마을에 사는 한 거사님은 가족이 모두 신실한 불자다. 한 가족이 모두 모여서 함께 저녁예불을 드리는 모습이 참 보기 좋았다. 예불을 마치고 스승께서 그 가족을 소개해 주시며 일화 한 토막을 들려주셨다. 내용인 즉, 어느 날 그 가족과 스승님이 담소를 나누던 중 중학교에 다니는 둘째 딸이 '번데기가 나방이 되는 이유'에 대해 설명하였다. 그 이야기를 가만히 들으시던 스승께서, 이 아이는 도리道理를 깨쳤다고 하시며, 그 후로 "이 아이는 나의 도반이다."라고 하신다.

그렇지 않은가. 잘 구어진 도자기에는 진흙 한 점 찾아볼 수가 없다! 한 차례 굵은 소나기가 내리려는 여름 초저녁, 조주선사의 말씀이 생각난다. "일곱 살 먹은 아이라도 나보다

나은 이는 내가 그에게 물을 것이요, 백 살 먹은 노인이라도 나보다 못한 이는 내가 그를 가르치리라."

살아 있다는 것

중학교에 다니는 여학생에게 스승께서 물으셨다.

"살아 있다는 것은 무엇이냐?"

"움직이는 거예요."

간발의 차

양백정사에 들어서려면 김삿갓 계곡을 지나 의풍교 앞에서 우회전을 해야 하는데, 그날따라 나는 운전을 하면서 무슨 생각에 사로잡혔었는지 그냥 지나칠 뻔하였다. 이를 스승께 말씀 드리니 "간발의 차가 하늘과 땅만큼 벌어진다." 하셨다.

이 말씀은 삼조 승찬 대사께서 지으신 신심명 3구에 나오는 구절이다. "호리유차 천지현격毫釐有差 天地懸隔이라, 털끝만한 차별만 일으켜도 하늘과 땅만큼 어긋난다." 참구할 말씀이다.

어머니의 기

학창시절 성혈사에 있을 적에 부잣집 도련님처럼 생긴 젊은이가 스승님께 와서 당시 귀한 산삼 한 뿌리를 가져가는 것을 본 적 있는데, 갑자기 그이의 근황이 궁금하여 스승님께 여쭈었다. 스승님께서는 그가 유명한 재력가의 아들로 이혼 후 재혼을 했는데 재혼녀는 외국여자라고 하시며, 이는 그의 어머니 기가 너무 세서 그렇다고 하셨다.

그리고 말씀하시길 "이는 자식이 목에 개 줄(목걸이)을 찬 격이다."라고 하셨다.

잠을 쫓는 터

　　　　　　　　　　오랜만에 홀로 양백정사를 찾았다. 그
날 나는 서울에서 곧장 출발한 것이 아니라 타지방을 한 군데
거쳐서 꽤 오랜 거리를 달려왔는데도 그날 밤 쉽게 잠을 못
이루고 뒤척이다가 새벽 세시 새벽예불 전에 일어나서 예불준
비를 마쳤다. 예불이 끝난 후 스승께서 말씀하셨다. "어제
잠을 설쳤나 보구나. 낮이 설면 잠을 이루기가 쉽지 않지.
그런데 여긴 터가 아주 맑아. 터가 맑아서 잠을 쫓는다. 수행처
는 이런 터여야 한다."

스승이 있어야

　　　　산 속은 밤이 빨리 찾아온다. 그나마 시간도 꽤 늦은 밤 법당 마당에 누군가 인기척이 있었다. 오싹하리만큼 행색이 남루하고 몰골이 말이 아닌 한 사내가 양백정사에 와서 하룻밤 묵기를 청하였다. 스승께서는 그 사내가 며칠 굶은 것을 간파하시고 공양주 보살에게 비록 늦은 밤이기는 하나 밥을 챙겨주라고 하셨다. 사내는 허겁지겁 먹고 나서, 다음 날 새벽 어디론가 사라졌다.

　스승께서 말씀하시길 "산속에서 풀뿌리를 캐 먹고 사는지, 도대체 무얼 먹고 사는지 모를 정도로 비쩍 마른 그런 사람들을 이 산에서 사는 동안 두어 번 본 적이 있다. 이런 사람들은 무슨 수행을 하는 듯이 보이기도 했다. 추운 겨울 하룻밤 묵고 간 어떤 사내는 다음날 저 호숫가 건너 산에서 가부좌를 한 채 주검으로 발견된 적도 있었다. 이런 사람들은 스승이 없다. 시창아, 공부에는 스승이 있어야 하느니라."

닦을 것이냐 닦지

       스승께서 서울에 일이 있어서 가신다고 상좌에게 채비를 하라고 분부하셨다. 그러자 상좌스님은 그동안 험한 산길을 주행해서 몹시 더러워진 자동차를 열심히 닦았다. 그런데 그런 상좌에게 스승께서 오히려 호통을 치며 말씀하셨다. "야, 이놈아! 차는 뭣하러 닦고 난리냐. 차는 닦아 뭣해!" 뜬금없는 불호령에 상좌스님은 정신없이 줄행랑을 쳤다.

죽을 때 ◯

　　　　"마지막으로 죽을 때는 말이다. 시창아,
빙그레 웃으며 죽어야 한다."

　스승께서 말씀하시는데 오래 전에 작고하신 외삼촌이 생각
났다. 선하게 살다가 가신 외삼촌 한 분이 계셨는데 임종을
지켜본 동생의 말이다. "형, 외삼촌이 돌아가시는데, 그렇게
편안하게 돌아가시는 거야. 그것도 마지막엔 빙긋이 웃으시는
것 같았어."

아픈 소리, 고苦

스승님께서 TV 국악 프로를 보시던 중, 우리 춤사위에 대해 칭찬을 하시다 갑자기 다른 말씀을 하신다.

"시창아. 피아노 소리를 들어봐라. 아름다운 선율이라고? 아니다. 그 소리는 고苦다. 고苦!

두드려서 나는 소리가 얼마나 아프겠냐!"

피조물

"옛부터 하늘 아래 모든 것은 다 피조물 被造物이다."

집으로 돌아와 가만히 앉아 스승께서 하신 말씀을 참구한다.

"그럼 이 몸뚱어리 만든 놈은 누구인고? 아, 정녕 누구인고!"

한산寒山과 습득拾得

스승님의 방 안에는 구석구석 진귀한 것들이 많이 있다. 처음에 나는 그것들을 그저 멋으로 걸어놓거나, 장식품을 배열시킨 정도로만 생각했는데 후에 지나고 보니 그것들은 전부 다 깨달음을 격발시키기 위한 도구들이었다. 그중에 가장 인상적인 것은 족자였는데, 그 그림은 더벅머리를 한 두 사내가 한 손은 바지춤에 손을 넣고, 또 한 손은 집게손가락을 땅 아래로 구부리고 바보 멍청이처럼 서로 보고 헤벌레 웃고 있는 모습이다. 그런데 이상하게도 그 웃음이 참으로 정감이 갔다. 스승께서는 이분들의 이름이 한산과 습득이라고 말씀하시며 그림에 대해 설명하시길, "바지 속에 손을 넣고, 너 이거 안 서지?" 하는 모습이라고 하셨다. 또 두 분 중 '한산'은 문수보살의 화신이고, '습득'은 보현보살의 화신이라고 하셨다. 스승께서 선화禪畵에 대해 설명해 주시는 동안 이 그림을 보면서 문득 깨달음을 얻은 이가 몇이 있다고 하셨다. 그림과 아울러 시가 있는데 한산이 쓴 시의 내용은 대강 이렇다.

하하하 허허허 웃으며 살자.
걱정 않고 웃는 얼굴 번뇌 적도다.
이 세상 근심일랑 내 얼굴로 바꾸어라.
사람들 근심 걱정 밑도 끝도 없으며
대도는 도리어 웃음 속에 꽃피네.
나라가 잘되려면 군신이 화합하고
집안이 좋으려면 부자간에 뜻이 맞고
손발이 맞는 곳에 안 되는 일이 하나 없네.
부부간에 웃고 사니 금슬이 좋을시고
주객이 서로 맞아 살맛이 나는구나.
상하가 정다우니 기쁨 속에 위엄 있네.
하하하 허허허 웃으며 살자.

소소小小한 것도 가르치다

　　　　　　　　　　처음 가르침을 주셨을 때 스승님의 모습을 감히 돌이켜 상상해 보건대, 격발激發의 순간을 낚아채는 것이 마치 먹잇감을 발견한 매가 매서운 눈매로 응시하면서 허공에서 체공하다가 기회가 왔을 때 그대로 쏜살같이 달려드는 날카로움으로 비유할 수 있다.

누구든지 한번 걸렸다 하면 정신이 나가서 어안이 벙벙하여 무슨 생각이나 방도를 찾을 수 없게 몰아치시는데, 그 짧디짧은 생각이 일어나는 순간을 절대 용납하지 않으셨던 것이다. 그래서 나는 툭 하면 "저런 얼빠진 놈!"이란 소릴 한동안 거의 달고 살았다.

오래 전에 스승님 상좌를 지내셨던 스님 한 분을 만나 뵐 기회가 있었는데 그분은 하여간 스승께서 고함을 치시거나 몽둥이라도 들 기세가 조금이라도 보이면 무조건 도망부터 치고 보셨단다.

어느 날 스승께서 나에게 이런저런 것을 묻다가 내가 주눅이 들어 말을 주저하니 또박또박 크고 정확하게 말하라고 하셨다. 순간 나는 어떻게 이런 것까지 지적을 당하며 배우고 있나 하는 한심한 생각이 들기까지도 했었다. 명색이 상장회사 임원까지 지냈던 나인데 말이다.

† 기쁨이나 분노 따위의 감정이 격렬히 일어남. 또는 그렇게 되게 함.

가면 가는 대로,
오면 오는 대로

처음엔 아무것도 모르고 큰스님께 언제
쯤 찾아뵙겠다고 예의상 전화를 드렸다.

"왜! 너도 현각이 그놈처럼 마을 앞에 플랭카드라도 걸어주
랴!"

전화에 대고 벼락같이 소리치셨다.

대승, 소승

"시창아, 현각이가 말이다. 달라이 라마를 만나러 간댄다. 달라이 라마는 소승이여, 소승불교! 우리는 대승이다, 대승! 대승의 위대함을 현각이가 가르치러 간댄다. 알겠냐?"

집으로 돌아와 나는 대승과 소승에 대하여 곰곰이 생각해 보았다. "소승을 거치지 않고 대승으로 갈 수 없다. 또한 소승에 머무는 소승은 대승의 자격이 없다. 그러나 소승을 거치지 않은 대승은 말짱 헛거다."

† 소승小乘: 작은 탈 것(수레). 자신의 깨달음만을 추구하는 수행자나 그
　가르침
† 대승大乘: 큰 탈 것(수레). 자신과 타인 모두의 깨달음을 위해 수행하는
　이 또는 그 가르침

덕담, 법담

 신년하례를 드리러 찾아뵈었다.

"정직해라. 성실해라."

"한자를 가만히 살펴보면 성실誠實이란 '말한 그대로 다 이루어진다'는 뜻이다."

조고각하照顧脚下

유명한 모 소설가가 스승님을 찾아뵙고 자신의 글 중에 "하나님, 정신 좀 차리세요."라는 글귀가 있다고 소개했다. 스승께서는 "너나 정신 차려라!" 하고 한 방망이 주셨다.

---

† 조고각하照顧脚下: 글자 그대로 풀이하면 '머리를 돌려 발뒤꿈치 아래를 바라본다' 또는 '자신의 발밑을 보라'이며, 불교수행의 관법觀法에 대한 말씀이기도 함. 어떤 의미로는 천주교에서 말하는 '다 내 탓이로소이다'와 일맥상통한다.

알쏭달쏭한 몸과 마음

양백정사에서 풍기 아랫마을로 내려가는 길은 꼬불꼬불하기가 그지없다. 숲길 옆으로는 절벽이다. 오죽하면 마락리라고 이름지어졌겠는가. 마락馬落은 말이 떨어졌다는 의미를 가지고 있다. 조선시대에 임금께 진상하려고 진상품을 실은 말들을 몰고 한양까지 가는데, 무거운 짐을 싣고 그 산세까지 너무도 험준하여 조금만 방심하면 낭떠러지로 무수한 말들이 떨어져 죽었단다.

이런 산길을 스승께서 차를 손수 몰고 마을로 내려간다. 커브를 트는 순간 맞은편 좁은 길로 승용차가 나타났는데 거의 충돌 직전이었다. 스승께서는 잽싸게 절벽 반대편으로 차를 댔다. 오싹했던 나는 맞은 편 운전자를 보았는데 늙은 시골 노인 분이셨다. 두 분은 서로 별 일 없었다는 듯이 지나가는 말처럼 괜찮은가 하시더니 가던 길로 다시 출발하였다. 나는 신기해서 스승께 물었다. "아니, 큰스님께서는 어디서 그렇게 운전을 배우셨어요?" 하니 스승께서는 "육이오 때 배웠지. 군대에서. 운전은 말이다, 이렇게 몸과 차가 하나가 되어야 한다. 잘하는 운전은 말이다, 절대 생각으로 운전하는 게 아니야. 착착, 착착, 이렇게 몸과 차가 하나로 붙어야 돼." 칠순이 넘은 스승께서 모는 차의 속도가 장난이 아니다. 아득한 낭떠러지가 발밑에 아스라하다. 보조석에 앉아 손잡이를 잡은 손에 땀이 차기 시작했다.

분심憤心, 벽壁을 문門으로

화두 타파를 위해서 '의정疑情'과 함께 '분심'을 촉발시킨다. 스승께서는 어떻게 하든 스승을 벽처럼 생각해서 당신을 뛰어넘고 가라는 듯이 대하셨다. 빈틈만 보였다 하면 스승께서 하도 밀어붙이시니 때로는 정말 망령스러울 정도로 분한 마음이 든 적도 있었다. 후에 실눈을 뜨고 하늘을 보니 스승이란 존재는 넘어야 할 벽이 아니라 문이었다.

오직 할 뿐

하루는 법당에 앉아 스승께서 붓글씨를 쓰시면서 말씀하셨다. "내가 붓글씨를 쓰면서 잘 썼네, 못 썼네 스스로 따지지 않는다. 평가는 남이 하는 것이지. 예술가의 작품을 읽고 보고 비평하는 것이 후세의 몫인 것처럼 말이다."

가만히 생각해보니 삼조 승찬대사의 『신심명』첫 문장의 말씀과 스승님의 말씀이 둘이 아니다. '지도무난至道無難 유혐간택唯嫌揀擇' – '지극한 도는 어렵지 않네. 오직 간택을 꺼릴 뿐!'

† 간택: 분간하여 선택함.

찰나, 찰나, 찰나

정신을 집중하여 걷는다. 한 걸음 내딛을 때마다 발바닥으로 느껴지는 대지와의 접촉! 순간 스치는 생각, 나는 이때를 놓치지 않고 스승께 전화드렸다.

"스승님, 찰나가 영원입니다."
"아니다. 네가 찰나에 속았다."

부처의 자리

스승께서는 나에게 염화미소에 대해 다음과 같이 설하셨다. "석가모니 부처님께서 연꽃을 드시니 모두들 눈만 멀뚱거리고 있었으나 제자 가섭이 저쪽 구석에서 피식 하고 웃었다. 사부대중이 다 모여 있어도 그들 모두 눈 뜬 장님인데 그 뜻을 알 리 있겠습니까? 그러니 부처님께서 그만 설하시고 그 자리에서 빨리 내려와 저에게 물려주십시오!"

선정禪定

생각이 많은 세속인들은 선정에 들 수가 없다고 스승께서 말씀하시며 선정에 대해 설명하셨다. "선정에 든다는 것은 이렇다. 다라니를 하면서 '이 다라니를 하는 자는 누군고' 하고 돌이켜 보면 어느새 다라니는 사라지고 '이 누군고?' 하는 물음만이 남는다. 이때가 선禪에 든 것이다."

"생각은 0.1초 이하로 끊임없이 생각에 생각을 물고 파도처럼 물밀듯이 일어난다."고 스승께서 가르쳐 주셨다.

일체 학문은 식識일 뿐, 이 헐떡이는 식을 잠재우고 본래의 마음자리로 돌아가야 한다. 반야심경의 수상행식受想行識 역부여시亦復如是, 즉 '식즉공識卽空'이라. 자, 이제부터 생각을 비우고 선정에 드는 다라니를 시작하리라!

제2부

독로獨露

스승께서 성혈사 위 복간터에 자리를 잡고 홀로 공부하시던 암자가 효명암이다. 나타날 효 또는 태양의 빛이 희다는 뜻으로 흴 효晶자이고, '효'자에는 백두산, 태백산, 소백산의 '白'자가 들어간 산이 세 개나 있다. 그곳에 일월日月이 있어야 궁합이 맞다고 하여 밝을 명明자를 써서 효명암晶明庵이 되었다. 양백兩白은 순일純一†하고, 효명晶明으로 밝음을 드러내어 마침내 중도中道를 이루셨으니 시봉하는 스님 법명이 효정曉淨이 되었다. 백두산과 태백산 그리고 소백산 세 산을 하나로 이루었으니 효晶요, 이는 스승께서 법의 맥을 이었다는 뜻이다. 해가 바뀌고 달이 바뀌어도 밝음은 같나니 그 이름이 명明이다. 과거 현재 미래가 눈 깜빡할 새로 한 생각 일어나면 생生이요, 한 생각 잠잠하면 사死라,

이렇게 자유 자재함을 얻으셨으니 그 밝음이 만고萬古의 제일 봉第一峰에 우뚝하여 "봉峰"자, "철徹"자라!

노승께서 삼세三世를 한 꼬챙이에 꿰어 지팡이를 만들고, 짚신 한 켤레를 들고서 길을 걸으시네. 스승의 발자취가 없도다!

† 다른 것이 섞이지 않고 한 가지로만 되어 있음

마음에서 마음으로

석가모니 부처님께서 연꽃을 높이 드셨다. "알겠는가, 사부대중이여!" 역시 눈 뜬 장님은 안중에도 없으셨네! 가섭존자만이 '피' 하고 웃으신다. 가섭존자께서 간파하셨다. 석가모니 부처님께서 살림살이를 빼앗기셨네! 그러나 스승이시여, 이미 모든 것을 아시고 자리를 내어 주신 것을 어찌 제자 된 입장에서 모르겠나이까! 아, 자비가 아니고서야 어찌 이런 일이! 이렇게 가르침이란 자비심이 없다면 할 수 없는 일이다.

매의 기상

날렵하고 옹골찬 매 그림이 법당 한쪽에 걸려 있다. 그래서인지 법당에 매 그림이 있는 줄도 모르고 참선을 하던 초기에는 이상하게도 가끔 매 한 마리가 높은 하늘을 빙빙 돌고 있는 것을 자주 보았다.

스승께서는 그렇게 제자들을 지도하셨다. 그리하여 양백정사의 토굴을 이제 막 갓 빠져나오는 스님들의 선기禪氣는 가히 스승님을 닮아 서슬 푸른 날이 섰다. 이렇게 뿜어져 나오는 선기를 지닌 선객禪客은 제 아무리 스승이라 할지라도 가차假借 없이 보였다. 이것은 스승님의 가르침대로 살불살조 殺佛殺祖의 정신을 이어 받은 오롯한 한 분의 부처로써 당당하게 이 세상을 박차고 나가는 당연한 모습이기도 하다. 또 한편으로는 이런 모습은 슬며시 제자를 들여다보는 스승님의 마지막 점검이기도 하다. 그렇게 공부해 마친 젊은 스님을 보면 자못 숙연해지면서 그 푸른 기상이 내 가슴에도 전해져 옴을 느낄 수가 있다.

한번은 풍기에 있는 도반의 집에서 스승님을 모시고 몇몇이 둘러 앉아 차를 마시면서 법담을 나누고 있었다. 도반 중 한 사람이 스승께 고하길, 양백정사 토굴에서 수행하는 스님 한 분이 스승께 불손하게 대드는 것을 목격한 공양주보살이 그날 하루 동안 공양을 올리지 않았다고 했다. 이 사연을 다 듣고 난 스승께서는 "너희들이 왜 내 새끼를 가지고 그러느냐! 내 새끼지 너희 새끼냐!" 하고 일갈하셨다. 수행하지 않는 사람의 잣대는 그만큼만 보이기 때문이다.

인간적인 너무나 인간적인, 인천人天의 스승

스승께서 4상, 즉 아상, 인상, 중생상, 수자상 중 인상人相에 대한 법문을 하셨는데, 상황은 이러했다.

경기도 가평에 사는 한의韓醫에 밝은 보살님 한 분이 뜸을 놓아드리겠다고 오셨다. 스승께서는 부처님 제자들에게 가르침을 주려고 일부러 아프다고 꾀를 낸 유마거사의 가르침을 몸소 보이셨다. 보살님이 스승님께 예를 표하겠다고 절을 하려 하니 이를 말리셨다. 왜? "나는 사람이 아니다. 그러니 인사를 받을 수가 없지."라고 반어법으로 말씀하시고 '하하하' 웃으시며 법의 자리를 펴셨다. "짐승이 아닌 사람만이 머리를 숙일 줄 안다. 이것이 예의요 예절이다." 마음자리를 보고나도 역시 사람의 일이란, 즉 인사人事란 예를 지키고 표하는 것이라고 가르침을 주신다. 잘 익은 벼가 고개를 숙인다. 아니, 벌써 가을이 오려나?

키워서 잡아먹어야지

스승님 시봉하는 스님 얼굴을 보니 스물 네다섯 남짓한 앳된 얼굴이다. 아직은 익지가 않아서 격을 맞추지 못함을 보시고 스승께서 "키워서 잡아먹어야지." 하셨다. '온전히 가르친다'는 것에 대한 비유이시다. 반대로 잘 큰 제자는 스승을 잡아먹고 큰다. 스승께서 제 몸을 다 나누어 주시니 뱀의 껍질을 뚫고 두꺼비 새끼가 쏟아져 나오지 않는가! 그러나 사실 피차彼此 다 먹을 것이 없다. 먹지 않아도 배가 부른 이유를 스승께서 익히 가르쳐 주셨느니! 예수님 가라사대 '이 빵은 나의 몸이요, 이 포도주는 나의 피니…'라는 말씀이 눈앞에서 오버랩 된다.

허튼 소리

스승께서는 걸레 중광스님, 구상 선생과 자주 만나셨다. 스승께서는 구상 선생님에 대해, 인품이 학처럼 아주 고매하고 우아하신 분이라고 극찬하셨다.

내가 처음 성혈사에 갔을 때 스승께서는 중광스님이 당시 뉴욕에서 선화전禪畵展을 열었던 선화집을 보여 주셨다. 중광스님을 처음 보았을 때 "참 기인이다." 하는 느낌을 지울 수가 없었는데, 당시 스님은 종로 5가 인법당에서 노 공양주 보살한 분과 함께 지내고 계셨다. 여름 한철 마루에 앉아 계신 스님의 옷차림새는 윗도리는 소매 있는 하얀 런닝만 입으시고 아랫도리는 검정 무명치마를 입고 계셨다. 어느 날 중광스님이 자전적 소설 집필을 다 마치시고 난 후 스승님께 어떤 제목이 좋을지 물으셨단다. 스승께서는 "네 소리가 다 허튼소리다. 그러니 허튼소리로 해라!"고 하셨다. 중광스님의 유명한 실화 소설의 제목 '허튼소리'는 이렇게 만들어졌다.

하루는 스승께서 글 쓰는 작업 역시 수행의 한 방편임을 일러 주셨다. 또 경책하여 일깨워 말씀하시길 글 쓰는 것이 업이 되면 안 된다고 하셨다. "말의 길이 있으니 이를 일러 '어로'語路라고 하고, 그 밑으로 지나가는 길이 있으니 이를 '의로'意路라 한다."고 말씀하시면서 석가모니 부처님은 언어의 마술사라고 하셨다. 그러나 어느 날 갑자기 석가모니 부처님께서 말씀을 하지 않으시고 그날따라 연꽃을 직접 드시니, 이 뜻을 밝힌 제자 가섭에게 살림살이를 다 빼앗기셨다고 말씀을 덧붙이시며 '말'의 낙처落處에 대해 강조하셨다.

이는 옛 선월스님이 말하길 선객禪客이 서로 만나면 손가락만 퉁길 뿐인데 그 마음을 아는 이가 몇 사람이나 있을까라고 하셨으니, 영가 현각스님의 『증도가』를 범천 언기스님이 주석한 바에 따르면, 만일 낙처를 알지 못한다면 누가 감히 선객이라 칭하겠느냐고 하신 바를 명확히 하는 말씀이셨다.

그리고 '있는 그대로' 묘사하는 글쓰기를 빗대어 스승께서는 "삼계三界가 다 불타는 집과 같은데 마침 산에 불이 났으니 이를 '불이 났다'라고 쓰기만 할 뿐이다."고 하셨다. 이는 작위적인 생각이 끼어들 틈이 없는 단순 명료한 '쓰기 법'이다.

놓쳐버린 행복

혼기를 놓친 노처녀 보살이 한 분 있었는데 스승님께 남자를 소개시켜 달라고 졸랐다. 스승께서는 보살에게 너는 절에서 그냥 나랑 같이 살자고 어깃장을 쳐 보신다. 보살이 왜 자기가 노스님과 사냐고 하면서 "좋은 남자 만나 결혼해서 행복하고 싶어요." 하니 스승께서는 "나는 행복을 좇아가지 않는다."고 말씀하셨다. 그 보살은 오직 결혼하고픈 생각에만 사로잡혀 이 법문을 놓쳐 버렸다.

언젠가 이해인 수녀님의 시집을 읽다가 행과 불행에 대해 생각에 빠진 적이 있었다. 자고로 참선 수행자는 그 어떤 것에도 양변을 추구하지 않고 행과 불행이라는 양푼 저울대 위 정중앙에 가부좌를 튼 채 앉아 있다고 상相이 맺혔다.

더 소상히 말하자면 양쪽 양푼에는 행도 불행도 담겨 있지 않았다.

하여간 스승님의 지도는 처음에는 쫓아오게 손을 잡고 걸음마를 가르치다가 어느 순간 두 손 다 놓아버리고 홀로 허공을 걷게 하신다. 부처님께서 그러셨듯이 말이다.

선로방

법당에 들어서니 법당 옆에 있던 헐우방 歇牛房[†]이 사라지고 선로방禪露房이라 이름 지어진 방이 생겼다. 스승께 어째서 방 이름을 개명했냐고 여쭈니 그 방은 이제 효정曉淨스님 방으로 효정스님이 참선을 시작하여 그리 이름을 지었다고 하셨다. 그러시면서 "시창아, 선禪은 독로獨露야. 독로!" 하고 설하셨다. 그날 처음 만났지만 선의 이슬을 머금은 효정스님의 얼굴이 참 밝아 보였다.

[†] 소가 쉬는 방이라는 의미로, 소는 마음을 상징한다. 즉, 마음을 내려놓고 쉬는 방이다.

받아주고 버려라

스승께서 어느 비구니 스님과 같이 제자가 운영하는 음식점에 가셨다. 비구니 스님이 스승님의 제자에게 사주를 보아 주겠다고 하자 그 거사님은 자신은 그런 것을 안 본다고 단호하게 거절하였다. 비구니 스님은 마음이 상하여 그냥 음식점을 나가 버렸다. 스승께서는 제자에게 "일단 먼저 받아주고 후에 버릴 것이 있다면 그때 가서 버리면 된다."고 말씀하셨다.

자재 自在하다

나와 동생, 김 교수가 스승님을 모시고 식사를 하고 있었다. 다른 테이블에는 우리보다 늦게 온 제자들이 식사를 기다리고 있었다. 스승께서 밥을 거의 다 먹을 즈음 "자, 이제 나는 저 팀으로 건너가야겠다." 하시며 냄비를 들고 일어섰다. 그 장면을 본 동생이 김 교수에게 "스님께서 직접 냄비를 드시게 하지 말고 김 교수가 좀 들어드려." 하니 이에 김 교수가 "스님, 제가 들어 드리겠습니다." 하였다. 스승님께서는 "아이고, 귀하신 교수님께서 이런 걸 드시다니요." 하시면서 냅다 냄비를 들고 신발도 신지 않은 채 다른 팀으로 건너가셨다.

스승님께서 분명 무슨 메시지를 남기시긴 했는데 그것이 무엇인지 항상 궁금해 하다가 거의 반년이 지나서야 깨닫게 되었다. 스승께서는 그날 몸소 삼계三界와 생사生死로부터 자재自在†함을 설하셨던 것이다.

---

† 저절로 있음, 속박이나 장애가 없이 마음대로임.

죽을 힘을 다해

스승께서 사업을 하는 제자에게 말씀하셨다. "대나무가 마디가 자라서 다음 마디를 틔울 시기가 되면 대나무가 온몸을 바르르 떤다. 그리고 마디가 형성이 되면 빈 통의 대나무는 힘도 들이지 않고 쑤욱 큰다."

또 덧붙여 사업하는 사람이 가져야 할 비전에 대해 말씀하셨다. "허공에 큰 대궐을 지어라."

즉卽

　　"이곳은 속인이 들락달락거리는 곳이
아니다. 즉해라. 즉卽!" 겨울아침 햇살을 얼굴에 머금고 스승
께서 나에게 말씀하셨다.

　스승께서 하루는 제자들에게 '즉卽'은 '행行'이라고 풀어 주
셨다. 깨달음 전이든 후든, 앞뒤를 모두 꿰어버린 선기禪氣
어린 말씀이다. 깨달은 후에는 보살의 실천적 태도를 가르치
시는 한 대목이기도 하다.

깎지 말고 다 줘라

　　　　　　　　　　가을에 붉은색 열매를 맺는 마가목 열매는 그 효능이 고혈압과 중풍, 괴혈병에 특효이고 기관지염, 폐결핵, 위염, 기침해소 등 다양하다. 깊은 산사의 스님들이 대용차로 많이 애용하는 차 중 하나이다.

　하루는 음식점을 운영하는 제자에게 스승께서 "너희 가게에는 음식을 먹고 난 후에 후미를 적셔줄 마땅한 차가 없구나. 손님들에게 마가목 차를 대접해라."라고 하셨단다. 그래서 이 제자는 강원도 영월 깊숙한 산속에서 자라는 야생의 마가목을 준비했는데, 마침 나도 마가목에 대한 몇 가지 정보가 있어서 도움이 될까 이런저런 이야기 끝에 가격을 물어 보았다. 그랬더니 가격이 내가 예상했던 것보다 비싼 듯하여 도반에게 "거 좀 비싼 것 같은데…" 하였더니, 스승께서는 절대

깎지 말고 달라는 대로 그냥 다 주라고 엄히 분부하셨단다. 조금이라도 더 깎고, 더 받으려고 흥정하고, 때론 상대에게 폭리를 취하는 속세의 묵은 때가 남아 있던 나는 그 소리를 듣는 순간 쇠망치로 머리를 세게 한 대 맞는 느낌이었다. 한동안 그 충격은 에밀레 종소리보다도 더 오래 갔다.

이렇게 불가의 가르침은 요즘 새롭게 조명되고 있는 페어 트레이드Fair Trade† 운동의 정신과 하등 다를 바 없다.

† Fair Trade(페어 트레이드) 운동 : '대자본'이나 또는 판매루트를 장악한 '유통'으로부터 착취와 유린당하고 억압 받는 열악한 생산자와 소비자가 직접 거래함으로써 중간상의 이익의 일부를 생산자에게 돌려주는 운동이다. 아프리카 커피 시장 환경에 대한 운동의 일원으로 시작되었으며 이는 모든 불평등한 거래에 대한 경종이다.

소주와 막걸리

스승님께서는 소주를 즐기는 나를 보시고 "중국술은 수수로 빚은 고량주요, 일본술은 쌀로 빚은 청주라, 우리나라 술은 쌀로 고두밥을 짓고 누룩을 띄워 만든 막걸리가 있다. 시중에서 팔고 있는 소주는 형편없는 주정을 사용하여 그저 물만 타서 휘이 저어 만든 '화학주'다. 그러니 이왕 마시려면 막걸리를 마셔라. 세계 술 박람회에서도 우리나라 막걸리가 1등을 했단다." 경상도 풍기에 있는 능이 칼국수 집에서는 능이버섯이 첨가된 막걸리를 내놓는다. 알고 보니 스승님의 작품이었다.

사라진 나

 스승께서 아내에 대해 물으셨다.

"애들은 잘 키우냐?"

"요새 큰 애가 고3이라 남편은 안중에도 없고요, 아이들은 잘 돌봅니다."

"그럼 됐다. 아이들만 잘 키우면 된다!"

"……"

새벽 세시 새벽예불을 드렸다. 예불을 마치고 스승님을 가운데 모시고 유 교수님과 나는 참선을 했다. 한 시간 참선이 끝난 후 스승께서 짧게 말씀하셨다.

"참선을 하며 '나'란 놈을 찾아보니 아무리 찾을래야 찾을 수가 없다."

담배 피우는 연꽃

스승님은 출타 중이시고 연못가 정자에 홀로 앉아 숲속의 여러 아름다운 새소리를 듣는다. 문득 이 깊은 숲속의 이렇게 다양한 소리들도 달리 생각하면 아주 시끄러운 곳이라고 느낄 수 있겠다는 생각을 하였다. 그러면서 자리에서 일어나는데 정자 옆에 따로 놓여진 연꽃화분이 눈에 확 들어왔다. 연잎 위에는 피다 만 담배꽁초가 놓여 있었고, 어린 연꽃은 아직 물속에서 봉오리를 틔우려고 준비 중이었다. "분명 스승께서 의도적으로 담배꽁초를 여기에 던져 놓고 출타하셨으리라!" 하는 생각이 순식간에 머리를 스치고 지나갔지만 "아!" 하는 뚜렷한 느낌이 없이 "왜?"라는 의심만 가지고 집으로 돌아왔다.

그동안 수행에 게으름을 피운 것 같아서 오랜만에 새벽 세시 간단히 예불을 드리고 참선을 했다. 상쾌한 머리로 새벽을 맞으며 생각에 잠기니, 스승께서 말씀하신 "선禪은 독로獨露다."에서 '독로'란 '의정독로疑情獨露'로써 화두와 내가 하나됨을 일컫는 것이라는 걸 알게 되었다. 그리고 맨 처음 마음공부를 시작했을 때 화두를 들고 참선을 하면 번뇌 망상이 올라옴을 보고 누르려고 애를 쓰곤 했었는데, 그 번뇌 망상을 그대로 두고 깨치라는 것임을 알게 되었다.

양백정사의 연꽃보살은 나같이 어리석고 우매한 이들로 인해 고약한 냄새가 풀풀 나는 썩은 오징어를 먹고 정자 그늘 아래에서 오늘도 긴 담배 연기를 내뿜고 있을게다.

성역聖域을 부수고
양변을 여의다

양백정사 법당에서 대학 동창 두 명과 아미타 부처님께 삼배를 드리는데 스승께서 불쑥 법당으로 들어오셨다. 법당 한 켠 벽에 기대어 앉아 담배 한 대를 꺼내 물고 이내 담뱃불을 댕기면서 나랑 같이 온 친구들에게 무엇을 하는지 물으셨다. 말씀 동안 담배연기는 법당 안 여기저기 허공꽃을 피웠다.

그날 집으로 돌아와 저녁 늦은 무렵 평소와 같이 자주 들리던 혜범스님 블로그에 접속했다. 블로그의 첫 화면에는 처음 보는 기이한 사진이 있었는데, 양백정사 불단에 앉아계시던 아미타 부처님께서 담배 한 가치를 장죽長竹 담뱃대에 끼워 무시곤 향이 타들어가는 향로에 탕탕 재를 떨어가며 더 맛있게 피우고 계셨다.

언젠가 인터넷에서 해인사 원각스님의 출가 배경에 대한 글을 우연히 읽었는데, 이런 내용이었다.

스승님께선 당시 해인사 중봉 토굴에서 공부 중이셨고, 출가 전 원각스님은 해인사 약수암에서 공부하던 학생이었다. 그런 원각스님은 중증이라고 할 정도로 '착하게 산다는 것'에 대한 강박관념에 시달리고 있었다. 원각스님은 "선생님들이 착하게 살라고 했는데 당시 내 생각으로는 내가 대학에 들어가면 나 때문에 누군가 들어가지 못할 텐데 그러면 착하지 않은 것 아닌가 하는 데까지 생각이 들 정도로 심각했다"고 말했다. 그 고민을 봉철스님이 단박에 깼다. "선禪과 악惡 양변을 여읜 그 자리가 본래 자리"라는 한마디에 천년 먹은 체증이 내려가는 듯한 희열을 느꼈다는 것이다. 스님은 그 길로 하던 공부를 접고 불교 공부에 빠져들었다.

빈자리를 만들어야

언제가 스승님 상좌인 유 교수님 차에 동승하여 서울까지 올라올 기회가 있어 깨달음에 대한 질문을 드렸더니 다음과 같이 답했다. "나는 어떤 일이 생기면 항상 '나'라고 생각하는 자리를 먼저 비우고, 그 자리에 '부처님'을 모셔 옵니다."

개 견犬과 볼 견見

양백정사 공양간 뒤뜰에는 수놈 백구 한 마리가 있다. 이놈은 언제나 햇살에 몸을 맡긴 채 조는 게 특기다. 마치 할 일을 다 해 마친 도인처럼 배고프면 밥 먹고 졸리면 잠자고 하는 식으로 말이다. 하루는 정자에 앉아 계신 스승께 동생이 말했다. "저 개가 아주 한가롭게 보입니다." 하니 스승께서는 "그건 네가 그렇게 보는 것이지." 하셨다.

참회와 깨달음의 순간

폭이 약간 넓은 약 10센티미터 정도 되는 하얀 종이 띠를 길이 30센티미터로 만든다. 한 쪽을 '한 번 꼬아서' 다른 한쪽 가장자리에 풀로 붙인다. 그러면 띠가 완성이 되는데 아무 곳에서나 출발점을 잡고 연필로 선을 긋는다. 띠를 따라 끝까지 선을 그어 나가면 출발점이었던 점으로 다시 돌아온다. 안과 밖이, 앞과 뒤가 사라진 띠, 이것이 뫼비우스의 띠다.

자비로운 말

인터넷 노사모에서 독설毒舌을 잘 하는 이가 찾아와 스승께 인사를 올리니 "그놈 참 돼지같이 생겼네." 하셨다. 그는 아무 대꾸도 하지 않고 허허 웃었다. 그러면서 "스님, 좋은 말씀만 해 주십시오."라고 청하니 잠시 스승께서 아무 말씀 없으셨다.

한통속

지리산 산길을 내려오는데 스님 한 분이 마을까지 차를 태워주셨다. 차 안에서 그 스님이 나에게 물었다.

"어느 절에 다니시오?"

"양백정사 봉철스님 제자입니다."

"노승이 이제 이빨 빠진 호랑이지요?"

"일체가 살아 있는 법문입니다."

깊은 곳에서도

삼형제가 스승님을 찾았다. 대기업에 다니는 막내 동생이 스승께 여쭈었다. "직장 상사가 저를 너무 못살게 구는데 어떻게 하면 좋겠습니까?" 하니 스승께서는 힘의 논리에 대해 간단히 설명을 끝내시고는 다시 말씀하셨다. "그래, 너는 이렇게 깊은 곳에 찾아와서 묻는 질문이 고작 그거냐?" 하시니 다 함께 박장대소하였다.

열반경 涅槃經

스승께서 소백산 봄을 보내며 법당 마루 법좌에 앉아서 시처럼 읊조리신다.

제행무상諸行無常 시생멸법是生滅法

생멸멸이生滅滅已 적멸위락寂滅爲樂

일체의 행은 모두 변화하니 그 실체 고정됨이 없네.

하여 이를 일컬어 나고 죽는 생멸법이라 하노니

생과 멸을 멸함으로써 얻은 적적함

그마저도 멸하노니 그 아니 즐거운가!

세존께서 전생에 보살행을 닦을 때 제석천왕이 나찰의 형상으로 반半 구절을 게송하며 세존을 시험한 대목에서 나온 구절이 바로 '제행무상 시생멸법'이다. 석가모니 부처님은 나머지 반절의 게송을 위해 목숨을 바쳤다.

앵무새

스승님께서 "궁즉통窮即通, 즉 궁하면 통한다."고 말씀하셨다. 20여 년 만에 다시 만난 스승님, 스승께서 나의 근황을 물으셨고 당시 나는 실직 상태였다. 나는 '사운드 오브 뮤직'의 대사를 읊었다. "한 문이 닫히면 다른 문이 열릴 것을 나는 알아요." 하고 스승께 답했으나 나는 그저 앵무새에 불과했다. 스스로 체험하지 않은 말은 남의 것에 불과한 것을. 나는 아직 선禪의 문 앞에 서 있었다.

'바'로 '보'인 법

친구가 나에게 "너는 좀 어수룩한 것 같은데 가끔 네 이야길 들어보면 맞는 것 같은 구석이 있어."라고 하였다. 어머니도 나에게 항상 말씀하셨다. "우리 집에 바보가 셋이 있는데 네 큰아버지, 그 큰아버지의 첫째 아들, 그리고 너다. 그 피가 너에게도 흐른다. 너는 왜 그리도 욕심이 없냐!" 그러나 이 바보가 나는 좋다. 김수환 추기경께서 말씀하신 바보. 한산과 습득처럼 남에게 손가락질 받았지만 그런 바보가 난 정말 좋다. 그래서 그런 바보들을 따라 더 바보가 되려고 더욱 열심히 바보짓을 한다.

영원한 생명

만화영화 '은하철도 999'는 일본 작가 미야자와 겐지가 쓴 것이다. 스승께서는 여기까지 말하고 더 이상 말씀이 없으셨다. 이미 나를 간파하셨다. 나도 말씀이 없으신 이유를 눈치챘다. 영원한 생명을 찾아가는 '철이' 옆에는 항상 관세음보살 같은 '메텔'이 있었다. '은하철도 999'를, 우리 모두는 그렇게 타고서 인생이란 긴 여행을 하고 있는 것이다. 영원한 생명을 찾아서…

우주를 품은 도반

스승님 생신이라 제자 몇이 먼저 모여서 한 순배 돌린다. 영주시에 투기바람이 불었다고 누군가 말하면서 영주에 사는 도반[†]에게 "이참에 땅이나 좀 사 놓으시면 나중에 돈이 좀 되겠어요."라고 말을 하니 그 도반은 이렇게 답했다. "우주가 다 내 것인데 그깟 땅 쪼가릴 뭣하러 산단 말이오!"

† 도반道伴: 함께 도를 닦는 벗

인욕보살 忍辱菩薩

양백정사에는 공양주 보살님이 한 분
계시는데, 유독 나를 대하는 것이 추운 겨울 살을 도려내는
겨울바람 저리 가라다. 어떤 때는 식은 밥을 주질 않나, 공양
시간이 되어 밥상에 앉아 있으면 가끔 발우도 안 놓고 알아서
찾아 먹으라는 식이다. 그 깊은 골짜기 산사에 사람이 들어가
고 나와도 힐끔 한번 보시고는 아는 척도 않고, 말도 안
붙이신다.

나도 이런 일에 개의치 않고 내 할 일을 한다. 공양주 보살이
인욕에 대한 가르침을 펴는 것이라고 생각하며 받아들인다.
전생에 이 분은 아마 제자를 잘못 가르친 그 업보로 이생에서
다시 공양주 노릇을 하시는 것 같다. 처음 성혈사에 갔을
때 계셨던 노 공양주 보살님은 마치 친할머니 같으셨다. 부디

극락왕생하소서!

---

† 인욕忍辱: 바라밀의 하나로써 마음을 가라앉혀 온갖 욕됨과 번뇌를 참고
원한을 일으키지 않는 일을 이른다.

먼저 해야 할 일

　　　　　　　　나보다 나이가 적은 도반이 있는데, 가
정형편이 어려워서 스승께 먹고 살 방도를 일러 달라고 했다.
스승께서는 오가피차를 덖어 팔게 하셨다. 절에서 차를 덖는
일은 자고로 수행의 한 방편이다. 새벽같이 일어나 정갈하게
목욕재계하고 해가 뜨기 전 아침 이슬이 피어나는 찻잎을
일창이기—槍二旗로 딴다. 이렇게 딴 찻잎은 그날 해가 넘어가
기 전에 '덖고, 비비고, 말리고'를 반복하여 나중에는 은근한
불에 덖어서 차를 완성한 후 그늘에 열기를 식히고 봉투에
정성껏 담아서 상품화 하는데, 맨 먼저 우린 찻물은 부처님께
올린다.

　　그런데 이렇게 배움을 시작한 도반은 오직 돈 버는 데만
신경을 썼을 뿐 스승의 가르침은 안중에도 없었다. 도반은

스승께 일거수일투족 간섭받고 꽉 잡혀서 산다고 생각했다.
결국 자신의 생각과 스승님의 가르침이 다르다고 생각한 도반
은 어느 날 갑자기 스승님께 아무런 연락도 없이 도망치듯
떠나버렸다. 하지만 그 도반은 아직도 자리를 잡지 못하고
방황 중이다.

버리고 갈 것

영주에 사는 제자가 서각을 하여 스승님 방에 걸어놓을 현판을 가지고 왔다. 스승께서는 아주 만족해 하셨는데 이때 공양주 보살이 혼잣말로 투덜거리며 말하길 "흥, 그깟 서각을 해가지고 오면 뭣해. 이 사람이 와서 달라고 하면 거저 주고, 저 사람이 달라고 해도 그냥 주고, 뭐든지 달라는 대로 다 퍼 줘요! 그러니 절간에 남아나는 게 없지!"라고 했다.

문득 어머님 침대 위에 놓여진 박경리 선생의 유고시집 제목이 생각난다. '버리고 갈 것만 남아서 홀가분하다.'

닮아가는 삶

스승님 방에는 진귀한 것들이 많은데, 그중에서도 눈에 확 띄는 것은 다탁茶卓이다. 그 다탁에는 짐승의 머리를 닮은 형상이 하나 달려 있다. 그 생김새를 보고 스승께서는 "이것은 '박쥐호랑이'다. 눈깔은 마치 박쥐가 날개를 편 것처럼 생겼고, 전체 형상은 한 마리 호랑이가 포효하는 모습이지 않냐?" 그러시면서 "골동품을 하는 사람들 얼굴을 한번 봐라. 그들의 낯빛이 아주 칙칙해요. 칙칙해." 하셨다. 이 말씀은 어떤 일을 하느냐에 따라 그 사람의 인품이 닮아간다는 말씀을 은유하신 것이다. 생선을 싼 종이에서는 생선 비린내가 진동할 것이고, 향을 싼 종이에선 당연히 향기로운 향 내음이 나지 않겠는가! 나는 지금 무엇을 닮아가는가?

나머지

어느 날 TV를 보는데 일본사람으로 종이접기의 달인이 나왔다. 그 사람의 말 중에 가슴에 꽂히는 것이 있었다. "종이접기는 나머지가 생기면 바로 어긋난다. 종이접기에는 나머지가 없어야 한다." 평생 종이접기 하나만 해도 이런 큰 깨달음을 얻으니, '집중과 몰입'이라는 것은 참 나를 찾아가는 힘이다.

한편 가만히 생각해 보니 스승께서는 그 나머지가 없으셨다. 이유는 무엇이든 원하는 이가 있으면 아낌없이 주는 큰 나무이셨기 때문이다. 그날 나는 하루 종일 시원한 나무그늘 아래서 종이접기에 흠뻑 취해 있었다.

참 나(我)

어느 여학생이 스승께 전화를 드렸다.

"큰스님, 저요, 참 나가 무엇이에요?"

"지금 전화하고 있는 바로 너! 네가 참 나다! 알았느냐?"

시시비비 是是非非

어느 스님은 '산을 오르는 자와는 내려가며 볼 수 있는 풍경을 이야기하지 말라'고 했다. 시비는 꼭 이렇게 붙는다. 순자荀子의 정론正論을 볼 것 같으면 "얕은 것과는 더불어 깊은 것을 헤아릴 수 없고, 어리석은 자와는 더불어 지혜를 꾀할 수 없으며, 우물 안 개구리와는 동해東海의 즐거움을 말할 수 없다."고 하였다. 조주선사께서 짚신을 머리에 이고 법당 문을 열고 살금살금 밖으로 나가신다!

콧물이 흘러도

한창 화두에 불이 붙어서 참선 정진하던 때 어느 날 아침공양 하시는 스승님의 모습을 무심코 보게 되었다. 반가부좌를 트시고 바루를 한 손에 들고 드셨는데, 때가 꼬질꼬질하게 끼어 있고 아주 낡고 허름한 잿빛 승복에는 게다가 빨간 김치 국물자국이 묻어 있었다. 심지어 스승께서는 감기에 걸리셨는지 콧물을 흘리셨는데 닦을 생각도 안 하시고 그냥 콧물을 매단 채로 공양을 하셨다. 마치 나에게 '수행은 앞뒤 좌우도 볼 겨를 없이 무조건 앞만 보고 나가라. 오직 나에게로 회귀하는 것이 제일 중요하지 남이야 콧물을 흘리던 말던 무소의 뿔처럼 홀로 나아가라'고 가르침을 주시는 것 같았다. 꾸밈없는 삶과 타인의 이목으로부터 자유로워지는 법을 몸소 가르치셨던 것이다.

시창是窓, 시몽是夢

나의 법명은 시창이다. '마음을 비우니 바로 도에 들어간다'는 말씀인데 스승께서는 도반들 끼리 모이면 언제나 법명으로 호칭하길 원하신다. 그러나 제자 가운데는 속가에서 쓰는 자신의 이름으로 그냥 통성명하는 경우도 있다. 물론 이름 따위에 연연할 바는 아니지만 그 이름은 이름을 불러줌으로써 그 이름답게 여법如法함을 지니고 그렇게 닮아가는 것이다.

김춘수의 꽃이란 시에서도 그러지 않는가. 꽃을 꽃이라 불러주니 그때서야 비로소 꽃이 되어 나에게로 왔다는데, 하물며 스승께서 손수 지어주신 법명을 쓴다는 것은 그 이름을 부르는 동안 그 소리의 진동으로 인해 듣는 이의 귀가 터져서 법음이 들리는 가피를 입을 수 있는 기회를 만드는 것이다.

스승께서는 사실 법명 속에 답을 넣어 이미 처방을 끝내셨는데, 하긴 까막눈들이 그것이 보이기나 하겠는가!

어쨌거나 관세음의 소리 바다로 빠지지 못하고 그냥 속가의 이름을 쓰는 것이 안타까워 보였다. 이는 자신 스스로 "난 그저 한낱 중생에 불과해. 성불은 원래 타고난 상근기의 사람이나 하는 것이지 나 같은 게 무슨 부처야." 하고 자포자기하는 짓이다.

하루는 내가 시몽이가 누구냐고 통성명을 스승께 청하니 도반 '시몽'이란 분을 불러 인사를 시키셨다. 그러시면서 나에게 말씀하시길 "시창아, 시몽은 예수님 제자 중에도 있지? 시몽이, 시창이, 이름이 다 좋다. 좋아!" 하시며 어린아이처럼 밝게 하얀 미소를 머금으셨다. 나는 말없이 예수님의 상수제자 시몬 베드로처럼 우리 시몽 도반도 사람을 낚는 어부가 되었으면 좋겠다고 생각했다.

무심

『선문촬요』를 읽다가 의심 덩어리가 완전히 녹아 맺혔던 가슴이 뻥 뚫어졌다. 무심無心이란 유리병 속이 텅 비어 있는 것을 말하는 것이지, 병 자체가 없는 것이 아니다. 여태껏 목 위에 있는 머리를 찾아 미친 듯이 헤맸던 격이었다.

청산은 나를 보고

청산은 나를 보고 말없이 살라 하고〔青山兮要我以無語〕

창공은 나를 보고 티없이 살라 하네〔蒼空兮要我以無垢〕

탐욕도 벗어놓고 성냄도 벗어놓고〔聊無愛而無惜兮〕

물처럼 바람처럼 살다가 가라 하네〔如水如風而終我〕

　나옹선사의 선시로, 처음 선시라는 것을 대하면서 연말에
아내와 같이 기원했던 내용이기도 하다. 등산을 하는 날이면
언제나 혼자서 읊조리곤 했다. 그러면 나는 청산도 되고 창공
도 물도 되었다가 바람도 되었다.

포대화상

밤이면 밤마다 부처를 안고 자고〔夜夜抱佛眠〕
아침이면 아침마다 부처를 끌어안고 일어난다〔朝朝還共起〕
부처 간 곳을 알고자 할진댄〔欲識佛去處〕
다만 말하는 이놈이니라.〔只這語聲是〕

포대화상布袋和尙의 선시로 요사이 즐겨하며 가슴에 와 닿는 시이기도 하다. 읽을 때마다 '다만 말하는 이놈'이 선명하게 드러난다. 그러면서 한 치의 틈도 없이 '착' 하고 밀착되어 있음을 생생하게 느낀다.

나의 눈동자와 같이

초기에 스승께선 내가 인사만 드리면 같이 온 일행에게 꼭 나에 대해 물으셨다. "요새 시창이 저놈이 무슨 말을 하더냐? 요새도 말이 많더냐?" 하셨다. 간혹 나는 주체할 수 없을 정도로 맑게 치솟는 선기를 누그러트릴 수 없었다. 이를 간파하신 스승께선 언제나 나의 눈동자와 같이 나를 지켜주셨다. 그걸 아는 나는 스승님이 친부모님 같다는 느낌이 항상 들었다.

투명한 막

처음 화두에 몰입하고 열심히 절을 하면서 수행에 박차를 가하던 어느 날이었다. 사람들과 같이 대화를 하는 도중 상대방이 나에게 불쾌한 언사를 쓰면 나도 모르게 내 앞에 투명한 얇은 보호막이 형성되면서 그 말들이 나에게로 투과되지 못하고 그냥 다 녹아버렸다. 그래서 그런 언사를 쓰는 상대방에게 결코 미운 감정이 들지 않았다. 참 신기했지만 어느 정도 시간이 흐르면서 그 보호막은 자연스럽게 사라져버렸다.

나는 신비로움에 사로잡힐 것 같아서 이는 으레 수행 중 나타나는 현상 중 하나이려니 하고 스승께 말씀도 안 드렸다. 만일 그때 말씀 드렸다면 "야, 이 덜 떨어진 놈아! 있기는 도대체 뭐가 있어!"라고 불벼락이 떨어졌을 건 불 보듯 뻔한 일이었다. 일체의 상相과 식識을 용납하지 않으셨기 때문이었다.

이런 현상에 끌려가면 간혹 불행한 일들이 초래되는데, 예를 들면 어떤 젊은 수행자는 공부하는 도중 환영을 실제로 착각하여 여인의 유혹에 못 이겨낼까봐 자신의 성기를 도끼로 내리찍는 우를 범했다는 일화도 있다. 어미 닭이 갓 태어난 병아리를 품듯 이런 삿된 경계에 대하여 스승께서는 언제나 제자들을 엄하지만 큰 자비로써 그 품에 넣으셨다.

비로자나 법신法身 부처님

화두를 잡고 참구하던 중 온몸이 붉은색 인 부처님을 보았다. 순간 나는 '비로자나 부처님' 하고 나도 모르게 말이 나왔다. 그리고 그 부처님의 몸에서 불법을 담은 검은색 한자들이 무수히 쏟아져 나오는 것을 보았다. 나도 모르는 사이에 법신 부처님이신 비로자나 부처님께서 자연스 럽게 나투셨던 것이다.

처음 성혈사에 갔을 때 다른 이들은 모두 고시공부를 하러 왔는데 나는 그저 좋아하는 선배를 따라 여름방학 동안 절에 놀러간 수준이었다. 낮에는 선배 따라 활을 쏘기도 하고, 스승께서 보여주신 초의선사의 『동다송』을 읽기도 했다. 가끔 스승께선 "시창이, 넌 내 시봉이나 해라." 하고 말씀하시면서,

나에게 저녁 공양을 시작하기 전 꼭 나한전에 맑은 물을 떠서 부처님과 나한님들께 올리게 시키셨다. 나는 그것이 무엇을 의미하는지도, 또 그 부처님이 어떤 부처님인지도 몰랐다. 단지 스승님께서 하라는 대로 따라 했을 뿐이었다. 그때 나한전에 계셨던 부처님은 나중에 알고 보니 바로 비로자나 부처님이셨다. 그러니 작은 불꽃 하나가 비로소 온 산을 다 태워 버렸다!

수행의 조율

　　한번은 화두 들기를 앉고 자고 눕고 밥 먹고 똥 누고 정말 사무치게 하였더니 화기火氣가 머리끝으로 올라왔는지 갑자기 공포감이 엄습하면서 숨이 턱 하니 막혔다. 의정은 단전에 두는 것을 모르는 때였다. '수승화강水昇火降'이라 물은 머리쪽 상단으로 올리고, 불은 발쪽 하단으로 내리는 것을 몰랐다. 급히 아들에게 팔다리를 주무르라고 하고 화두를 놓았다.

　　그리고 왜 이런 현상이 벌어졌는지 곰곰이 생각해 보았다. 그때 석가모니 부처님께서 거문고를 타는 이의 물음에 설해주셨던 것이 해답처럼 가슴속을 스쳤다. 부처님께서는 거문고 줄을 탈 때 너무 헐거워도 소리가 나지 않고 너무 세게 당기면 줄이 끊어져 버리니, 좋은 선율은 적당히 줄을 당겨야 소리가

난다고 설해 주셨다. 이번 생에 깨닫지 못하면 아무 기약이
없을 것 같다는 조급한 생각이 빨리 깨닫겠다는 욕심으로
변한 것이다. 그래서 이런 상황이 발생했구나 하고 반성하면
서 다시 느긋하게 화두를 들기 시작했다. 이것이 바로 중도中道
로 가는 첫 번째 발걸음이었다.

인생이란

스승께서 밭일을 다 마치고 법당 마당으로 올라 오셨다. 마당 구석에 서서 허공에 대고 어린아이처럼 오줌을 누신다. 격格을 깬 한 줄기 오줌발이 허공을 가른다.

의정疑情만 들 뿐, '이뭣고' 화두

'이!'라고 하는 놈은 '뭣고?' 하고 '이뭣고' 화두를 든다. 앞에서 소리 내는 '이'를 마음의 귀로 듣고 '뭣고'로 의심을 뭉쳐 참구한다.

유有, 무無를 가리지 않는다. 어떤 일정한 답을 추론해 내는 것이 아니다. 그저 의심하고 또 의심하여 그 의심을 사무치게 만들어 의정을 길게 끌어서 의단으로 만든다. 처음에는 이 말이 도대체 뭘 의미하는지도 몰랐다. 그래도 겨울이 지나면 당연히 봄은 온다.

미움이 사라질 때까지

수행 중 나는 나 자신을 사랑할 줄 몰랐고, 일종의 자학하는 증세도 있었던 것을 깨달았다.

이런 열등의식도 일종의 자신(我相)을 드러내는 또 다른 교만심이라고 어디선가 들은 적이 있다. 그래서 나는 제일 먼저 나를 못살게 굴었던 자신을 용서하고 참회하는 기도를 올렸다. 그날 흘린 눈물이 방석을 다 적셨다. 기도가 끝난 후 내가 너무나도 가여워서 나를 꼭 끌어안았다. 마치 부처님이 나를 끌어안으시는 것 같았다.

그리고 어느 정도 마음에 여유가 찾아오니 남을 위한 기도가 시작되었다. 평소 싫어하고 미워하는 얼굴이 떠올랐다. 미움이 사라질 때까지 그들을 위해 기도했다. 아울러 잘 되라고 축복하는 기도도 잊지 않았다. 내 마음속에서 그들과 화해하

고, 더 나아가 그들을 위로해주니까 마음이 훨씬 더 편해지면
서 이내 평화가 찾아왔다.

수행 중에

한때 책을 읽거나 좋아하던 글도 쓰지 않았다. 생각이 끼어들 틈을 만들지 않았던 것이다. 깨달은 척, 아는 척 행세도 하기 싫었다. 설익은 풋내가 싫었다. 하루는 스승께서 말씀하셨다. "시창아, 매운탕을 먹는데 말이다. 야채를 너무 넣어서 풋내가 나요. 아주 풋내가 나서 매운탕 맛이 형편없었다."

단순한 삶

잡다한 모임도 거의 끊었다. 친한 친구들도 불필요하게 만나지 않고, 모든 일과 사고도 단순하게 처리하려고 했다. 깔끔한 하얀 색 도포를 입은 느낌이었다. 불편했던 관계나 헤어져야 할 사람들도 자연스럽게 멀리하게 되었다. 어쩌면 그들 먼저 스스로 알아서 사라져 버린 느낌도 든다. 그러나 인연 따라 가는 것도 잊지 않았다. 내가 필요한 곳이면 어디든지 달려간다.

진정한 참회懺悔와 본래 마음자리

스승께서 하루는 이런 얘길 들려 주셨다. "시창아, 현각이가 말이다. 그 희대의 살인마 유XX이에게 연락을 받았단다. 자신이 무수한 사람을 죽여서 괴로우니 어떻게 하면 이 무거운 죄에서 벗어나 이 괴로움의 고통으로부터 벗어날 수 있겠는가 하는 요청이었단다. 그래서 현각이가 찾아가 말하길 자신의 마음을 깨달으면 당신은 괴로움에서 벗어나 부처도 될 수 있다고 했단다."

이 말씀을 듣고 나는 마음은 공空한 것임을 다시 한 번 깨쳤다. "불교는 믿는 종교가 아니라 깨달음의 종교니라."고 하시면서 스승께서는 믿음보다 깨달음이 더 수승하다는 것을 밝혀주셨다. 물론 나는 불성이 나와 함께 있음을 믿어 의심치

않았다. 그리고 천수경을 매일 독경했는데 그 공도리空道理를
명징하게 밝힌 참회의 한 대목을 소개한다.

    죄무자성 종심기   罪無自性 從心起

    심약멸시 죄역망   心若滅是 罪亦忘

    죄망심멸 양구공   罪忘心滅 兩俱空

    시즉명위 진참회   是卽名爲 眞懺悔

죄라는 것은 그 자성이 없기에 마음 따라 일어난다.

만일 마음을 멸한다면 죄 역시도 그 마음을 따라서 사라진다.

죄에서 벗어나는 것과 마음을 멸하는 것은 이 두 가지가 모두
공한 까닭이다.

그러니 이와 같이 '깨닫는 것'이야말로 진정한 참회인 것이다.

또한 이 공부를 하면서 나는 살인마의 마음과 나의 마음이,
부처님의 마음과 예수님의 마음이 모두 다 한 치도 틀림이
없이 다 똑같다는 것을 확인했다. 이 소식을 깨닫게 된 때에는
혼자 미친 듯이, 뛸 듯이 기뻤다.

신묘장구대다라니 찬탄

　　　　　　　　　다라니(진언)를 처음 가르치실 때 다라
니란 말의 이해를 위해 스승께선 나에게 "시창아, 예수님이
십자가에 못 박혀 돌아가실 때 그때 하늘을 보고 '엘리 엘리
레마 사박타니!' 했잖니? 그게 바로 진언眞言이라는 것이야."
하고 설명하셔서 성경을 제법 읽었던 나는 아주 쉽게 이해했다.

　신비한 주문이며 진언인 다라니는 인간의 언어를 초월했기
에 뜻을 알 수 없다. 그래서 생각이 많은 중생이 이 주문을
외우면 번뇌의 불을 빨리 끌 수 있도록 이끄는 힘이 있다.
그러므로 마음을 비우고 그저 간절한 마음으로 다라니를 독송
하면 그 마음자리가 훤하게 드러난다. 그리고 참회와 감사,
치유와 은사, 용맹과 정진, 정화의 힘, 용서와 자비, 그리고
축원 등 여러 가지 보배들이 다라니 속에 다 있음을 안다.

이것은 모든 것이 우리의 공空한 마음자리에 이미 온전히 갖추어져 있었기 때문이다. 그리하여 신묘하다는 것일까?

영험靈驗한 님이시여,

소소영영昭昭暎暎

진공묘유眞空妙有로세!

봉철 선사는?

부잣집 젊은 청년은 예술가들을 좋아했다. 그들에게 먹고 마실 것을 주고 자신도 같이 즐겼다. 그렇게 세월을 보냈으나 연이어 사업에 실패를 하고 좌절에 빠졌었다. 그는 어느 날 우연히 기차역 화장실에서 밑 닦을 신문지를 보았는데 내용은 이러했다. "차안此岸에서 피안彼岸으로 건너라. 그리하면 모든 고통으로부터 해방이다. 차안에서 피안으로 건너는 징검다리가 있으니 의심하지 말고 어서 와라." 많은 사람들은 이 글을 보고 징검다리가 정말 튼튼할까, 다리는 무슨 돌로 만들어졌지, 왜 중간에 있는 돌은 저렇게 생겼을까, 누가 그 다리를 놓았지 등등의 쓸데없는 고민을 한다. 그러나 그 청년은 그 길로 머리를 삭발하고 수행을 시작했다. 그는 스승 없이 홀로 공부했다. 수월스님 문중의 스님들과 탁발을 같이 하는데, 그 시절 대다수의 사람들이 그랬지만 보릿고개를 넘겨야 하는 힘겨운 삶을 살아야 했다. 하루 종일 탁발을 해도 쌀이나 보리도 아닌, 겨우 좁쌀 한 줌도 안 되는 것을 가지고 끼니를 때워야 했다. 그나마 토굴에 같이 있던 스님 한 분이 자꾸 눈치를 주는 것 같았다. 자신도 먹고 살기 힘든데 수행에 방해를 하는 것 같으니 이곳에서 떠나달라는 눈길이었다. 그렇게 산속에서 겨울을 보내고 더 이상 눈치를 참을 수가 없던 스님은 그 토굴에서 쫓겨나다시피 해서 나왔다.

그러던 어느 날 젊은 수행자는 부처님 경전이 보고 싶어졌다. 그래서 해인사에 있는 팔만대장경을 보러 길을 나섰다. 해인사에 당도하여 노승인 수월스님에게 옛 선사의 말씀을 듣는다. "나에게 한 권의 경이 있는데 이는 먹과 종이로 쓴 것이 아니다. 아무리 펼쳐 보아도 한 글자도 없는 이 경은 가히 예부터 빛나고 있다."라는 말씀을 듣고 이것이 바로 마음이란 것을 깨달았다. 그 길로 경經 볼 것을 접고, 다시 해인사 중봉 토굴에서 홀로 힘겨운 수행을 시작했다.

당시 봉철스님이 있던 해인사 주지는 성철스님이고, 은사스님은 성철스님 제자인 혜암스님이다. 성철스님은 자신의 방 밑에 몇 수레 분량의 외경과 비서 등을 감추어 두고 읽고 있었는데 하루는 스님 한 분이 성철스님에게 물었다. "무엇이 불법의 대의입니까?" 하고 선문을 하니 "남천홍이다."라고 성철스님이 선답을 했다. 그러면서 "이 답을 구해 오는 자는 내 방으로 와라." 하며 성철스님은 법좌에서 내려왔다. 이날 오후 봉철스님은 남천홍이란 태극을 말한 것임을 대번에 간파하고 법의를 걸치고 성철스님에게 갔다. 봉철스님은 깍듯하게 예를 차려 삼배를 했다. 성철스님은 "무엇 때문에 왔는가?" 하니 "오고 가는 이 도리를 정녕 스님께서 아십니까?" 하고 오히려 봉철스님이 반문했다. 그러면서 "오늘 말씀하신 선문에 답을 드리려고 왔습니다." 하니 성철스님이 대답 대신 "누구의 제자인가?" 하고 물었다. 이에 "정말 남천홍을 아십니까?" 하고 봉철스님이 물으니 성철스님은 수좌를 불러 대번에 이놈을 끌어내라면서 호통을 쳤다. 이에 봉철스님은 마치 고약한 냄새라도 맡은 듯이 자신의 코를 쥐어 틀어막고 뒷걸음질치며 그 방을 빠져 나왔다. 다음 날 은사인 혜암스님은 아무런 이유도 말하지 않고 그 자리에서 봉철스님에게 절을 떠나달라고 통보했다. 그 길로 봉철스님은 아무런 미련도 없이 해인사를 나오게 되었다. 이때가 스물아홉 살이었다. 이후 승적도 없이 홀로 떠돌던 시절에 오대산 상원사 주지를 맡기도 하였다.

이렇게 십여 년을 떠돌다가 조계종 내무국장으로 계시던 스님이 불러서 서울로 올라가니 이 스님은 아무 말도 없이 손을 잡아끌고 인천 용화사로 봉철스님을 데리고 갔다. 이때 용화사에서 주석하신 분이 바로 그 유명한 전강선사였다. 전강선사께서는 "자네, 왜 이리도 늦게 왔는가! 잘 왔네. 어서 오게." 하시며 봉철스님의 손을 따스하게 잡아 주셨다. 이리하여 봉철스님은 승적에 올라서 정식으로 스님의 신분이 되었다. 봉철스님은 전강선사의 마지막 가시는 길에 다비와 재산 정리, 유품 정리 등등 모든 절차를 손수 다 치루셨다. 이때 전강스님의 부촉으로 봉철스님이 머리를 직접 깎아 준 이가 바로 수원 용주사 주지 정호스님이다.

전강선사의 입적 후 봉철스님은 남해 향일암 토굴에서 홀로 정진하였다. 그러던 어느 날 경찰국장을 하던 이로부터 전화가 왔는데 스님이 수행하기 좋은 터가 나왔으니 한번 오시라는 거였다. 스님이 날을 잡아 올라가 보니 터가 범상치 않음을 한 눈에 알아보았다. 그러던 어느 날 스님은 신문에서 다음과 같은 내용을 보았다. 효심이 지극한 이의 부모가 돌아가셔서 삼년상을 치르는데 하루도 빠지지 않고 묘소를 돌아보았다. 이에 감복한 호랑이 한 마리가 새벽길을 다니는 이 사람을 보고 항상 소나무 뒤에서 기다리고 있다가 이 사람이 지나가면 등에 태워서 집에까지 데려다 준다는 것이었다. 스님은 기사를 보자마자 그 사람을 찾아갔다. 그리고 이렇게 한 가지

일에 지극하고 정성스러운 마음은 미물의 마음도 움직인다는 것을 깨달았다.

그곳이 바로 경상북도 풍기, 소백산에 있는 성혈사聖穴寺라는 절이며, 터는 그 위에 복간터라는 곳이다. 복간터에 암자를 세우고 이를 효명암晶明庵이라고 지었다. 효명암에서 오직 수행에만 전념하려고 성혈사 주지를 내놓았는데, 삼년 결사 중 주지가 세 번이나 바뀌었다. 삼년 결사에 스님은 반년을 더하여 삼년 반을 수행하고 마침내 불법의 맥을 잇고서 다시 성혈사로 내려왔다. 그러나 효명암에서의 수행에 무리가 있었는지 냉기를 맞아 병치레를 해야만 했다. 그래서였는지 하루는 효명암에서 보낸 시간을 되새기며 자신의 자리가 아니면 빨리 접고 미련 없이 그 자리를 떠야 한다고 말씀하셨다.

효명암에서는 밤이 되면 꼭 호랑이 한 마리가 나타나서 암자가 들썩거릴 정도로 울어댔다. 그러나 스님은 참선을 하면서 자꾸 자신에게로 모든 정신을 집중하여 회광반조하였다. 이후 두려움과 공포는 물러가고 공부를 하던 중이면 호랑이가 오히려 그 암자 앞을 지켰다. 그리고 얼마 안 가서 호랑이는 그 산에서 아주 자취를 감추고 말았다. 그래서인지 스님은 성혈사에서 암자까지 오르고 내리던 밤길이 오히려 더 편하고 좋았다고 한다.

한편 수행을 마친 봉철스님은 정부에서 산중 암자를 철거하면 보상금을 준다기에 이를 철거하고 그 지원금으로 당신이 거주할 목적으로 성혈사에 세평 남짓 작은 방을 만드셨다. 이 후 봉철스님은 성혈사에서 다시 더 깊은 산속으로 들어갔다. 그곳이 소백산의 오지인 마락리라는 곳인데, 산세가 명당임을 한눈에 알 수 있었다. 이곳에 주석하여 암자를 양백정사兩白精舍라고 이름지었다.

먼저 마락馬洛이란 마을 이름이 범상치 않은데, 일반인들은 마락을 험한 산세로 인하여 임금에게 진상품을 옮기던 많은 말들이 떨어져 죽었기에 이 마을 이름을 마락이라고 하였으나 스님은 마락을 다르게 풀이하였다. '마'란 용마루, 산마루요, '락'이란 말 그대로 떨어졌다는 뜻인데, 즉 산자락이 여기 이 터에 와서 다 떨어졌다는 것이다. 그렇다면 그 산자락은 무엇인가? 백두산에서 시작된 대간을 걸쳐서 온 산마루와 태백산의 산마루 그리고 소백산의 산마루 세 곳이 이곳으로 떨어졌다고 하셨다.

하루는 앞산의 모양이 마치 포대화상을 닮아 있다고 말하니 스님은 앞산의 모양은 연꽃의 꽃잎 모양으로 각각의 산줄기가 하나의 꽃잎을 닮아 있다고 하셨다. 풍수지리상으로는 일명 이 터를 연화동천이라고 부른다. 그 우뚝 선 앞산의 봉우리

옆에는 우측으로 비슷한 크기의 봉우리가 있는데 이는 지도에
도 나와 있다는 '활인봉'이다. 사람을 살린다는 의미의 봉우리
는 선사들의 가르침이 중생을 살리기도 하며 죽이기도 한다는
활인검을 연상시켰다. 아울러 정사의 뒤편에 있는 봉우리의
옛 이름은 주저리봉이라고 하는데 지금은 주석봉이라고 불린
다. 즉, 이 정사에 와서 주지로 주석하라는 의미이다. 마을
입구에는 연화동이라는 마을이 있지만 사실 이곳은 연화가
없고, 정작 연꽃이 핀 곳은 지금의 양백정사 터이다. 앞 산
그 뒤편으로는 마구령이 있고 절 뒤편으로는 주저리봉이 있
다. 주저리봉은 말의 먹이인 건초더미를 주리를 틀어서 덮은
형상이고, 마구령은 말의 장식인 마구를 의미하는데 형상이
마치 말머리를 떠올리게 한다. 양백정사는 그렇게 맑은 정기
를 머금은 명당으로써 수행 정진하는 데 아주 좋은 터이다.
오늘도 도인은 양백정사 연꽃의 법좌에 앉아 모든 중생에게
따스한 미소를 보내고 있으리라.

후기

기독교인이신 부모님 아래서 자란 나는 고등학교 때까지만
해도 목사의 길을 걷고 싶었지만 부득이한 이유로 갈 수 없었
다. 나는 어렸을 적부터 삶과 죽음에 대해 심각하게 생각했다.
또 그 해답을 찾지 못한다면 이 세상의 삶도 별로 가치가
없다고 생각했다. 삶 다음의 죽음은 어떻게 되고 사후에는
또 어떻게 되는가 하는 궁금증에 사로잡혔던 종교적 긴 방황은
고등학교를 졸업하면서 본격적으로 시작됐다. 졸업 후 나는
방황 속에서 해답에 대한 갈증을 더 이상 참지 못하고 "하늘에
계신 하나님, 땅에 있는 나는 그 사이가 너무 멀어서 당신을
볼 수 없으니 더 이상 당신을 찾지 않겠습니다!" 하고 울부짖으
며 무교를 선언했다.

그렇게 지내던 중 대학교 일학년 여름방학에 나는 우연히
한 대학선배를 따라서 풍기에 있는 성혈사라는 절에 가게
되었다. 그곳에서 봉철스님과의 첫 만남이 있었다. 그러나
여름방학 동안의 짧은 만남은 대학졸업 후 결혼과 사회생활로

찌들어 가는 심신을 달래기에 충분하지 못했는지 어느 새 20여 년이 훌쩍 넘어버렸다.

그러던 어느 날 큰스님께서 하신 말씀 중에 "원 안에 들어가도 죽고 나와도 죽는데 어떻게 하면 사는가? 수박이 수박맛에 있는가, 입맛에 있는가?" 하는 물음에 대해 문득 한 생각 스쳐서, 그 길로 큰스님을 여기저기 수소문하여 다시 찾아뵙게 되었다. 백천만겁이 지나도 스승을 만나기 어려운데 나는 어찌 이리도 복福이 많은가! 이 지면을 빌어 봉철선사, 나의 스승님께 진심으로 감사드리며 삼배 올리옵니다.

이제 항하사와 같은 부처님과 보살님의 가피로 이 책을 쓰면서 '여시아문如是我聞'으로 시작한 아난다의 심경을 헤아려 볼 수 있는 계기는 되었으나, 게으르고 어리석은 제자이기에 선지식의 말씀을 틈틈이 기록하지 못하여 심히 송구스러울 뿐이다. 부디 못난 제자의 가작假作이 되지 않기를 간절히 바랄 뿐이며, 이 책을 계기로 보다 많은 훌륭한 제자들이 금강金剛과 같은 스승님의 가르침을 펼쳐 주시길 진심으로 바란다.

불기 2553년 음력 5월

제자 시창 합장

봉철峰徹 스님

소백산 오지에 자리잡은 양백정사에 주석하면서 서슬 퍼런 선기로 납자들을 제접하고 있다. 젊은 시절 홀로 수행하다가, 인천 용화사 전강선사의 문하에 들어가 선사의 마지막을 지켰다. 영주 지방에서는 '욕쟁이 스님'으로 불리는 등 모든 경계를 무너뜨린 자유자재한 삶을 살고 있다.

시창是窓 김상백金相伯

1961년에 태어나, 중앙대학교 무역학과를 졸업하였다.
대학 1학년 때 선배를 따라 경북 풍기에 있는 성혈사에 갔다가, 당시 주지였던 봉철 스님과 인연을 맺고 시창是窓이라는 불명을 받았다. 그리고 20년이 훌쩍 지나서야 봉철 스님과의 인연이 다시 이어져, 2004년부터 가르침을 받고 있다.

행복을 좇아가지 마라

초판 1쇄 발행 2009년 8월 28일 | 초판 2쇄 발행 2011년 7월 28일
지은이 김상백 | 펴낸이 김시열
펴낸곳 운주사 (136-036) 서울 성북구 동소문동 4가 270번지 성심빌딩 3층
전화 (02) 926-8361 | 팩스 (02) 926-8362
ISBN 978-89-5746-232-4 03220 값 9,500원
http://www.buddhabook.co.kr